社会研究新视野丛书

丛书主编　张海东

特权与焦虑

PRIVILEGE

AND

ANXIETY

〔韩〕具海根（Hagen Koo）　著　　张海东　姚烨琳　译

全球化时代的
韩国中产阶级

The Korean Middle Class in
the Global Era

社会科学文献出版社
SOCIAL SCIENCES ACADEMIC PRESS (CHINA)

图书在版编目（CIP）数据

特权与焦虑：全球化时代的韩国中产阶级 /（韩）具海根著；张海东，姚烨琳译. -- 北京：社会科学文献出版社，2024.8
（社会研究新视野丛书 / 张海东主编）
书名原文：Privilege and Anxiety：The Korean Middle Class in the Global Era
ISBN 978-7-5228-3498-6

Ⅰ.①特…　Ⅱ.①具…　②张…　③姚…　Ⅲ.①中等资产阶级-研究-韩国　Ⅳ.①D731.266.1

中国国家版本馆CIP数据核字（2024）第093060号

·社会研究新视野丛书·

特权与焦虑：全球化时代的韩国中产阶级

著　　者 /［韩］具海根（Hagen Koo）
译　　者 / 张海东　姚烨琳

出 版 人 / 冀祥德
责任编辑 / 杨桂凤
责任印制 / 王京美

出　　版 / 社会科学文献出版社·群学分社（010）59367002
　　　　　　地址：北京市北三环中路甲29号院华龙大厦　邮编：100029
　　　　　　网址：www.ssap.com.cn
发　　行 / 社会科学文献出版社（010）59367028
印　　装 / 三河市龙林印务有限公司

规　　格 / 开　本：880mm×1230mm 1/32
　　　　　　印　张：8　字　数：150千字
版　　次 / 2024年8月第1版　2024年8月第1次印刷
书　　号 / ISBN 978-7-5228-3498-6
著作权合同
登 记 号 / 图字01-2023-4669号
定　　价 / 79.00元

读者服务电话：4008918866

中文版序言

我非常高兴这本书被译为中文并由社会科学文献出版社（SSAP）出版。这是一本关于韩国中产阶级在过去30年快速全球化的过程中发生了怎样的变化的著作。韩国所经历的一切并不是这个国家独有的，而是当今世界许多国家共有的。日益加剧的经济不平等及两极分化、中产阶级的萎缩以及在奢侈品消费、居住隔离和教育私有化领域日益加剧的社会地位竞争，在发达经济体和新兴工业化经济体中都可以观察到。我希望这本书能够在中国找到包括学者和普通读者在内的广泛的读者群体，并为他们提供一个以韩国的经验为参考、反思中国自身的经济发展和中产阶层未来前景的机会。我要感谢张海东教授和姚烨琳博士翻译了这本书，感谢社会科学文献出版社第二次[1]出版我的书。

具海根

2023 年 9 月 4 日

1　2004 年，社会科学文献出版社出版了具海根教授的《韩国工人——阶级形成的文化与政治》一书。

目 录

致　谢

在写作本书期间，我得到了来自各个方面的帮助。首先，我要感谢夏威夷大学韩国研究中心、高丽大学亚洲研究中心和韩国国家基金会，它们为我的研究提供了经济支持。我还要感谢一些大学——澳大利亚国立大学、国立首尔大学、柏林自由大学和图宾根大学，它们在我作为访问学者期间为我提供了良好的写作环境。在撰写手稿期间，我有幸在法国社会科学高等研究院、多伦多大学、约克大学、宾汉姆顿大学（又名纽约州立大学宾汉姆顿分校）、国立首尔大学、柏林自由大学、图宾根大学和首尔教育大学的讲座中展示我的观点。我要感谢参加这些讲座的听众，感谢他们对我的研究提出了许多有洞察力的问题，给出了有价值的评论。我从前在夏威夷大学的同事们一直支持我的研究，愿意阅读我的初稿并给予反馈；在此我特别感谢 David Johnson、Le Lin、Young-a Park、Manfred

Steger、Patricia Steinhoff 及 Myungji Yang。

除夏威夷大学的前同事外，我要特别感谢萧新煌教授。他邀请我参与了一项有关东亚中产阶级的比较研究，引发了我对中产阶级的研究兴趣。同时，我也要感谢韩国社会不平等领域的杰出学者——申光荣先生，他慷慨地与我分享了他的数据资料。

我还要特别感谢我以前的一些学生——Jaehoon Bae、Ki Tae Park、Haeeun Shin 和 Seung W. Yang，他们在我研究的不同阶段帮助我收集数据。最后，我要感谢康奈尔大学出版社的 Sarah Elizabeth Mary Grossman，她细心且高效地处理了我的手稿。

最后，我要向我的妻子 Jean Young Kim 和女儿 Jennifer 和 Christine 表达我最深切的感激之情，感谢她们的爱和支持。在写作这本书的漫长时间里，我与 Jean Young 分享写作的快乐和挫折。我要将这本书献给她。

特别致谢

本研究得到了韩国教育部韩国学核心大学建设项目和韩国学中央研究院韩国学扶持计划（AKS-2015-OLU-2250005）的支持。我还要感谢夏威夷大学韩国研究中心的 Kim Chon-hung 基金会为本书出版提供的支持。

引言　分裂的中产阶级

在大多数发达经济体中，关于中产阶级的主导话语都关注他们岌岌可危的处境。由于就业市场的不稳定和收入的减少，许多社会的中产阶级正在逐渐萎缩。在大量关于当代中产阶级的文献中，中产阶级经常被描述为"被挤压的"、"萎缩的"和"空心化的"，甚至是"正在消失的"（Birdsall，Graham，and Pettinato，2000；Garrett，2004；Pressman，2007；Leicht and Fitzgerald，2014；Milanovic，2016；OECD，2019）。这些文献的主要议题在经济合作与发展组织（OECD，以下简称经合组织）最近出版的一本名为《压力之下：被挤压的中产阶级》（*Under Pressure: The Squeezed Middle Class*）的书中得到了明确表达：

　　　　过去，中产阶级曾是一个令人向往的目标。对很多代人来说，它意味着能够住在舒适的房子里，享受丰富多彩的生活（这要归功于稳定的工作和职业发展机会）；它还是家庭为子女追求更好未来的基础。然而，现在有迹象表明，这一民主和经济增长的基石并不像过去那样稳固。

在许多经合组织成员国，中等收入在相对层面和绝对层面几乎都没有增长；中产阶级生活中所必须支出的成本的增长速度超过了收入的增长速度，尤其是住房和高等教育成本；在快速转型的劳动力市场环境中，工作不安全感不断增加。如今，中产阶级看起来越来越像是波涛汹涌的汪洋中的一艘小船。（OECD，2019：16）

这个描述适用于韩国的情况。在 20 世纪后半叶出口导向型工业化的推动下，韩国的中产阶级人数迅速增加。快速的经济增长使白领和小商业者的数量大幅增加。农民和工人阶级中的许多人得以跻身中产阶级，并期望他们的子女有更好的未来。1988 年，第二十四届夏季奥林匹克运动会在韩国首都汉城[1]举办的时候，韩国渴望向世界展示自己是一个以中产阶级为主的国家。实际上，在那个时期进行的许多调查中，70% 的韩国人自认为属于中产阶级。

然而，在不到十年的时间里，这一好的趋势由于 1997 年亚洲金融危机爆发而突然逆转。韩国人遭遇了许多困难，包括失业率的急剧上

1　首尔的英文为 Seoul，2005 年以前的中文译名为"汉城"，自 2005 年起中国启用新译名"首尔"。除汉城奥运会相关内容外，本书将 Seoul 统一译为"首尔"。——译者注

升、大规模裁员、更多的破产以及经济负增长。这次危机对白领和管理人员的冲击特别严重。他们中的许多人被解雇或被迫提前退休，无法重新就业。许多新增失业人口试图进入小商业领域，导致小商业者也因消费需求低迷和竞争加剧而受到影响。虽然韩国经济很快恢复了，但劳动人口的困境仍在。在金融危机期间及之后，韩国的劳动力市场经历了全面的新自由主义改革。大多数大型企业采用"弹性化"方法，缩减了雇员规模或将剩下的许多工作岗位从常规全职工作转变为非正规或非标准工作。对大多数白领来说，终身雇佣已经成为历史。退休年龄提前，裁员的可能性成为始终存在的威胁。中产阶级的经济基础因此受到了严重的损害。到 2010 年代，认为自己属于中产阶级的人的数量占比已经降到占总人口的 40% 左右（参见第 1 章），而主导性话语从对中产阶级社会美好前景的描述转变为对中产阶级黯淡前景的悲观隐喻。

但这只是韩国中产阶级在这一时期的经历的一部分。如果我们更仔细地观察，就会发现中产阶级内部的不同群体有着非常不同的经历。显然，中产阶级并不代表一个单一的同质化群体。在韩国最近的全球化经济转型期间，经济上成功的少数群体和大多数群体之间在生活经历上存在巨大差异。这种经济命运的差异体现在金融和劳动力市场上。一方面，金融危机为现金充裕的人提供了在低迷的房地产市场和股票市场投资的绝佳机会，他们期待着经济迅速复苏。实际上，在金融危机结束后的两年里，房地产市场繁荣和股市牛市相继到来，许多在危机之前已经过得不错的人变得更加富有。

另一方面，金融危机期间和之后实施的新自由主义结构改革彻底改变了劳动力市场。许多公司摒弃了旧的以资历为基础制定的薪资体系，采用了以绩效为基础的体系，导致员工之间的薪资差距扩大。大型企业集团转向美国式管理，并开始向一小部分专业人员和管理人员提供异常高的工资和股票期权。与此同时，跨国公司的涌入改变了韩国企业的薪资水平，特别是提升了具有全球化技能和经验的高层管理人员的薪资水平。这些企业文化的转变是与韩国经济从劳动密集型向技术和知识密集型逐渐过渡相伴随的。这些变化的结果是大大提高了那些拥有全球化经济所需的稀缺技能的人的经济地位。

所有这些变化导致韩国社会的不平等程度急剧上升。能够利用经济新自由主义转型的人和由于资源匮乏而无法适应的人之间的差异演变为经济两极分化的形式。当然，即使在过去，中产阶级也并不是完全同质化的，他们中既有富裕家庭，也有贫困家庭。但是，过去，中产阶级是一个相对开放和流动的群体，许多中等收入者通过辛勤工作或创业变得富有。即使没有变得富有，普通韩国人也普遍感到从国家的经济增长中获益。相比之下，今天的新兴富裕群体是在大多数人收入恶化的背景下崛起的，这意味着他们的崛起是收入两极分化的结果，而不是整体收入增长的结果。简而言之，新兴富裕群体是在一个产生了众多失败者的经济体系中出现的少数赢家。

研究目的

本书研究了韩国不平等程度的上升如何导致中产阶级内部的分化，使其成为阶级区隔和激烈的地位竞争的竞技场。众所周知，新自由主义全球化导致大多数工业社会中不平等的增加。但大多数关于这个问题的研究主要关注经济不平等程度或解释这一现象形成的原因。导致这一现象形成的部分原因在于对这一现象的研究主要由经济学家主导。本书试图通过整合社会学的关注点来拓展经济学的这种研究方法。目的是研究经济不平等如何转化为社会和文化不平等，并进一步促进中产阶级内部对地位和特权的竞争。中产阶级不同组成部分之间的差异不仅意味着经济上的不平等，而且意味着利用全球化机遇的能力差异。中产阶级中的上层深度融入全球化体系并具备获取全球化时代所需的文化技能及拥有国际化生活方式的能力。因此，上层中产阶级从全球化机遇结构中获益，而相对贫困的人则在同样的结构下处于边缘化和劣势地位。因此，曾经相对同质化的、流动的中产阶级慢慢转变为内部分化和社会性分裂的阶级。

在中产阶级的社会空间中，许多新的阶级动态主要由少数富裕群体引领。他们在经济不稳定的时代崛起，渴望与不那么幸运的人区分开来以确立自己的特权地位。他们通过高端消费、居住隔离和教育实践来寻求阶级区隔。的确，他们过着更好的生活，住在更大的房子或公寓里，生活在更好的社区，享受种类更多、更有营养的食物，并享受更高质量的医疗保健。他们更频繁地出国旅游，熟悉其他文化，从而获得世界性文化技能。此外，他们可以为子女提供更好、更有竞争力的教育。由于经济地位相似、生活方式相似，这些富裕家庭彼此之间往往形成亲和感。他们特别热衷于建立能够为维持其地位提供所需信息和人脉的社交网络。他们努力与可能扰乱其舒适生活或威胁其特权地位的人保持距离：在物理上通过居住隔离，在社会上通过各种微妙的阶级区隔的方式。由于上述原因，当今的阶级区隔斗争更多地出现在富裕特权中产阶级与普通中产阶级之间，而不是传统意义上的中产阶级与工人阶级之间。

　　这种在快速全球化的经济环境中发生的阶级分化具有特殊意义。全球化对阶级实践产生了巨大影响，特别是在中产阶级内部。所谓"全球化"，我在这里主要指的是经济全球化，而非政治、技术或文化的全球化。正如 Steger（2009：38）所说："经济全球化指的是全球范围内经济关系的增强和拓展。巨额的资本和技术流动刺激了货物与服务贸易。市场已经扩展到世界各地，从而使不同国家的经济建立了新的联系。"经济全球化使今天的富裕中产阶级享有比过去更多的特权，这要归功于全球市场提供的商品和服务以及国家对奢侈品进口限制的放松。在自由化时期之前，国家对消费市场的严格管制意味着富人的生活方式与传统中产阶级并没有太大的差别。相比之下，今天的富人能够充分利用全球化带来的诸多机遇，包括更高品质的消费品、有助于改善健康的保健品、海外休闲旅游、为孩子提供全球教育、世界级文化活动以及选择在国外退休。此外，全球化通过增加新的竞争标准并赋予经济全球化所要求的某些技能和教育资格特权来影响分层游戏。因此，经济全球化在中产阶级中插入了一个"楔子"，将其分成少数赢家和大多数输家两个群体：前者拥有足够的物质和人力资源进而从全球化体系中获益；后者缺乏足够的资源来适应不断变化的经济环境。

虽然新兴富裕中产阶级似乎在阶级区隔的竞争中取得了胜利，但他们并不能完全逃避其后果。不出所料，那些在竞争中输掉的人并不愿意轻易放弃。对于失败者而言，阶级记忆是一个重要因素，他们清楚地记得新兴富裕群体过去曾经和自己一样是中产阶级的一部分。因此，许多中等收入者积极参与不断升级的地位竞争游戏，驱使他们的是不被落下和不失去中产阶级身份的焦虑。尽管经济状况不稳定，但他们仍涉足炫耀性消费及为子女提供收费高昂的私人教育[1]的领域。因此，中产阶级已成为一个地位竞争激烈的社会空间，其成员要么争取阶级特权，要么仅仅为了不完全跌出中产阶级而努力。富裕中产阶级的生活方式和社会流动策略逐渐成为衡量中

---

1 私人教育在韩语中为私教育，韩国的私教育是指与公教育对应的教育，主要指课外教育。——译者注

产阶级成员身份的标准。那些在不稳定工作和日益增加的家庭债务中挣扎的大多数中产阶级人士深感沮丧，怀疑他们是否仍然属于中产阶级。

这些年来，自认为属于中产阶级的韩国人的数量占比大幅下降，从 1990 年代的 70%~80% 降至 2010 年代后期的 40% 左右。相比之下，根据收入状况这一客观标准，中产阶级的人数占比下降得较为缓慢，同期从 70%~80% 降至 60%。客观标准和主观认知之间存在如此大的差异，表明当今韩国人对"中产阶级"这一概念的含义产生了越来越多的困惑。我认为这与中产阶级内部不断扩大的经济差异密切相关。

富裕特权阶级的崛起

作为一个从普通中产阶级中分离出来的独立阶层，新兴富裕特权少数群体的崛起近年来在美国引起高度关注。对于研究第三世界中产阶级的学者来说，"新中产阶级"或"新兴富裕群体"的崛起是一个非常有趣的话题，但他们讨论的主要语境是工业发展的早期阶段和国家所起的积极作用（Robison and Goodman，1996；Hsiao，1999，2001；Pinches，1999；Tomba，2004；Fernandes，2006；Wang and Davis，2010；Heiman，Freeman，and Liechty，2012）。相比之下，对于美国新兴精英群体的讨论与我在本书中关注的问题更为直接相关，因为它将这一现象置于发达资本主义阶段和经济新自由主义转型的背景下进行考察。因此，回顾美国文献中讨论新兴富裕群体的一些关键问题是很有意义的。

在《纽约时报》（*New York Times*）一篇标题具有挑衅性的文章——《别再假装自己不富有了》（*Stop Pretending You're Not Rich*）中，Richard Reeves（2017b）提出了一个强有力的观点："如果我们关注美国经济的两极分化问题，那么我们就必须把注意力从收入最高的 1% 的群体转向收入略低但仍然相当富裕的群体。"Reeves 认为，常见的"收入最高的 1% 的群体与收入最低的 99% 的群体"的说法掩盖了当今美国社会一个重要的现实，即：少数群体崛起，他们当前的经济状况远远好于其他人。Reeves 所指的是收入最高的 10%~20% 的群体。Reeves 在同年发表的文章和《囤梦者》（*Dream Hoarders*）一书中声称："蓬勃发展的不仅仅是'上层阶级'。美国社会在更广泛的领域都表现良好，并正在摆脱困境。"（Reeves，2017a：6）正如他指出的："事实上，'我们属于99%'的说辞极为自私自利，这让那些收入达到六位数的人自欺欺人地认为他们在某种程度上与普通美国人处于同一经济境遇。"（Reeves，2017b）

2018 年，Matthew Stewart（2018）在《大西洋月刊》（*The Atlantic*）上发表了一篇同样有趣的文章，标题为"那 9.9% 是新的美国贵族"（*The 9.9 Percent Is the New American Aristocracy*）。Stewart 认 为，"在

收入最高的 0.1% 的群体和收入最低的 90% 的群体之间，有一群人一直都过得还不错。这个群体在逐年变大的蛋糕中一直保持着自己的份额……你会在那里找到新贵族。我们就是那 9.9%"。

Reeves 和 Stewart 在确定目标群体时使用了略为不同的分割点（收入最高的 10%~20% 的群体与收入最高的 9.9% 的群体），但他们都认为这个群体构成了一个新的特权阶级，正在逐渐脱离普通中产阶级。正如 Stewart（2018）所描述的那样，"我们这些 9.9% 的人居住在更安全的社区，上更好的学校，通勤时间更短，享受更高质量的医疗保健，在某种情况下，还会被安排在更好的监狱中服刑。我们也有更多的朋友：那种会为我们介绍新客户或为我们的孩子安排绝佳的实习机会的朋友"。

Reeves（2017a）还强调，新兴上层中产阶级由于"机会囤积"而享有许多特权，而这是以牺牲其他人为代价的。机会囤积的表现各异，但他强调了三种类型：居住区的排斥性分区；不公平的大学录取机制，包括传承录取（legacy preferences）；以及非正式的实习机会分配。在这三种类型中，也许在美国最应引起重视的是分区法。排斥性分区实践使上层中产阶级能够居住在"飞地"或封闭社区：即使大门遥不可见，也会产生广泛的影响。正如 Reeves（2017b）所说："由于学校通常招收周边地区的学生，上层中产阶级社区的物理区隔在课堂上得到了复制。好学校使该地区更加受欢迎，这进一步抬高了住房的价格。联邦税收制度通过抵押贷款利息抵扣的方式来帮助我们购买价格昂贵的住房。"通过这种方式，财富、居住隔离、税收减免和教育机会得以相互强化。

最近，Daniel Markovits（2019）出版了《精英主义陷阱：美国的奠基性神话如何助长不平等、瓦解中产阶级并吞噬精英》（*The Meritocracy Trap: How America's Foundational Myth Feeds Inequality, Dismantles the Middle Class, and Devours the Elite*）。这本书涉及的是新的美国精英而不是中产阶级，但与本书分析的现象密切相关，因为 Markovits 关注的是精英与中产阶级关系的变化。他的主要观点是：精英主义的理念，即社会和经济回报应该基于技能和成就而非出身，这在美国几乎像一种民间宗教，是塑造美国精英阶级及其与其他社会群体关系的强大力量。这种精英主义造就了新的精英——"优才精英"（meritocratic elite），他们受过最好的教育和培训。他们工作非常努力，每天工作时间很长，作为回报，他们获得了前所未有的高报酬。另一方面，"精英主义将大多数公民驱逐到社会的边缘，将中产阶级的孩子送入平庸的学校，将中产阶级的成年人束缚在没有出路的工作上"（Markovits，2019：14）。因此，"精英主义现在将精英与中产阶级割裂开来"（Markovits，2019：10）。

Markovits 解释了优才精英产生和维持的两种机制。首先，"精英主义将教育转变为为加入精英行列而进行的激烈而紧张的竞争"；其次，"精英主义改变了工作方式，创造出要求极其严苛且报酬丰厚的工作，以维系精英的存在"（Markovits，2019：5）。那么，优才精英由哪些人构成呢？Markovits 认为，这个群体由一个核心群体和一个更大的外围群体构成。核心群体由收入最高的 1% 的群体构成，外围群体是围绕高收入群体的社会和经济群体（可能是另外 5% 或10% 的群体）。从职业特征来看，他所指的人包括大型企业的高管、对冲基金经理、专科医生、管理咨询师、大型律师事务所的合伙人等。

审视美国新兴精英的另一个方式是聚焦于其文化层面的定义性特征。在《昂贵的小幸福：关于有志阶级的理论》（*The Sum of Small Things: A Theory of the Aspirational Class*）一书中，Elizabeth Currid-Halkett（2017）将这个新的阶级定义为"有志阶级"，他们希望通过生活方式和文化资本而不是通过经济地位与其他阶级区别开来。"这个新群体更多地通过其共享的文化资本来定义自己：他们使用相同的语言，获取相似的知识，并分享相同的价值观，这些都体现了他们的集体意识"（Currid-Halkett，2017：18）。阶级区隔最明显地发生在消费领域，但 Currid-Halkett 强调，今天的富人与凡勃伦（Veblen，1967）的有闲阶级非常不同。"因为现在每个收入群体都可以获得许多炫耀性商品，富人不能通过那些到处都可以买到且中产阶级越来越能负担得起的商品来彰显自己的与众不同。"（Currid-

Halkett，2017：32）相反，他们将更大比例的收入用于教育、节省时间和更高生活质量的商品和服务。因此，Currid-Halkett 认为，"随着彰显身份地位的炫耀性和物质化的方式变得更加容易，有志阶级通过微妙的象征、文化资本和语言与其他群体区分开来，他们的成员将知识作为重要的分界线来区分自己和其他人"（Currid-Halkett，2017：51）。

这种阶级结构的变化趋势很可能不仅仅发生在美国，在其他发达经济体中也很常见。近年来，英国社会学家开展了一项重要研究，提供了一个说明性的案例。这项跨国调查（共有 161000 名受访者）被称为英国广播公司"英国大调查"（BBC's Great British Survey），是由著名英国社会学家迈克·萨维奇（Mike Savage）带领的研究团队于 2013 年开展的。报告中有许多有启发性的发现，其中包括"我们正在从长期存在差异的中产阶级和工人阶级的阶级秩序走向在区分顶层（我们称之为'财富精英'）与底层（我们称之为'无产阶级'，由那些每天都在艰难维持生计的人组成）方面更加等级化的阶级秩序，中间层变得更加模糊和复杂"（Savage et al.，2015：4）。

这里所描述的英国的阶级格局似乎与美国的阶级格局非常相似，即富人和穷人之间的两极分化，以及中产阶级是不同群体的不稳定的组合。具体而言，萨维奇及其同事将中产阶级分为"老牌中产阶级"（the established middle class）和"技术型中产阶级"（technical middle class）两类。上层阶级位于这些中产阶级之上。值得注意的是，上述作者将上层阶级定义为"财富精英"或"新普通精英"，而不是"上层阶级"。传统的上层阶级依然存在，但只代表一个非常小的、社会地位逐渐下降的群体。与此同时，新普通精英人数越来越多，财富和政治影响力也在增加。根据萨维奇等的估计，新普通精英约占总人口的 6%（而老牌中产阶级约占 25%），包括大型企业的首席执行官、金融经理、市场销售经理和专业精英人士等。因此，这个新普通精英与 Markovits 所称的优才精英极为相似。英国学者还强调，精英主义是新普通精英的一个主要的社会和文化特征。

韩国与其他国家的相似和不同之处

与前面一节中描述的美国模式和英国模式类似，一个新兴富裕群体在韩国崛起，并逐渐与普通中产阶级相分离。正如我们将在第 2 章中详细介绍的那样，自 1990 年代以来，韩国的收入分配也呈现同样的顶层集中现象，收入最高的 1% 的群体的收入大幅增加。与美国和其他发达经济体类似，韩国超级富豪之下更广泛的收入群体（收入最高的 10%~20% 的群体）的收入也显著增加，而其他人的收入则停滞不前。这种收入分配模式与 1990 年代之前的趋势明显不同。在过去，高、中、低收入群体的收入都保持稳定增长。

此外，与美国类似，韩国日益扩大的经济差距导致居住隔离、住房品质、消费模式和生活方式等方面的社会差异扩大。随着韩国经济的进一步自由化和全球化，富裕阶级在消费市场上享有的特权也增加了。随着韩国市场对外国进口商品大规模开放，韩国的新兴富裕群体现在可以把钱花在比以往任何时候都更健康、更奢华和更能提升地位的产品上。他们的消费模式和生活方式持续升级，并与较低等级中产阶级的消费行为区别开来。此外，这种阶级差异也在不同群体的教育机会上有明显的体现。作为避免在韩国境内参与激烈教育竞争的替代方案，富裕家庭可以为他们的孩子提供更具竞争力的私人教育，并可以选择将他们送往海外接受全球教育。

尽管存在这些相似之处，但在新兴富裕上层中产阶级的形成方面，韩国与美国、英国存在几点重要的差异。首先，韩国新兴富裕群体的崛起是最近才出现的现象，他们有独特的生活方式和流动方向。这一群体与其他中产阶级成员的区别是，（这是）一个相对较新的群体，并在不断发展中。因此，与美国和英国的同类群体相比，韩国的新兴富裕群体虽然拥有许多经济优势，但尚未确立清晰的阶级身份。大多数韩国富人仍然感到这一新兴富裕群体是中产阶级，尽管他们中的一些人已相当富有，不再认为自己是中产阶级，但他们可能也感到自己不被作为上层阶级接受。此外，在普通中产阶级眼中，今天的新兴富裕群体在出身上与自己并无太大差异，因为大多数新兴富裕群体中的人曾经是他们的同龄人。当无法与富裕群体竞争时，普通中产阶级自然会感受到极大的相对剥夺感。这是当今韩国中产阶级普遍感到焦虑的一个主要原因。

其次，韩国富裕中产阶级人士与其他亚洲国家的新兴富裕群体一样，通过投机性的房地产投资和在非正规经济中的各种寻租活动积累财富（Robison and Goodman, 1996；Pinches, 1999）。这与韩国的政治经济体制有关，国家（通常被称为发展型国家）在资源配置和制订国家发展计划方面扮演着主导角色。在韩国经济快速增长的过程中，由国家主导的工业和城市发展项目成为资本积累的主要途径。众所周知，当今代表韩国上层阶级的财阀集团在很大程度上是通过政府的优惠政策创建的。而在财阀集团之下，许多有经济头脑、政治人脉广的人，从蓬勃发展的房地产市场中获得了巨额利润。从 1980 年代开始，从房地产投资中获得利润已成为韩国新兴富裕群体的主要财富来源。事实上，可以说，韩国的上层中产阶级是通过过去二三十年产生的房地产泡沫形成的。

再次，由于这些原因，新兴富裕阶级未能在社会上确立优越的道德或意识形态地位。在韩国，精英主义是一个重要的价值体系。事实上，在韩国，它与儒家思想一样古老。但只要富人的财富积累策略继续受到质疑，那么新兴上层中产阶级就只是一个富裕特权阶级，无法被称为优才精英。因此，新兴富裕中产阶级对其阶级身份感到相当不安和焦虑。正是这种地位焦虑促使新兴富裕群体进行炫耀性消费，过奢侈的生活，以区别于普通中产阶级。

然而，韩国上层中产阶级的构成最近发生了重要变化。随着韩国强调向知识和技术密集型产业高度全球化的经济转型，高级专业人员和管理人员的数量有所增加。这些专业人员和管理人员已经成为富裕上层中产阶级的代表，将那些主要通过投机性房地产投资或其他金融活动赚钱的人排除在外。伴随这种变化，通常被称为"猝富"（暴发户，意为庸俗的富人）的新兴富裕群体的旧形象正在慢慢被受过教育的精英的新形象取代。如今的企业精英和专业人员受过高等教育，其中许多人拥有海外研究生学位，并且工作勤奋且投入（不亚于他们的美国同行）。因此，他们可以基于优质的教育、才能和努力工作的精英主义价值观来证明自己的阶级特权是正当的。如果这种趋势继续下去（很可能会如此），韩国富裕中产阶级，或者至少是其上层部分，也许能够将自己打造为一个新兴精英阶级。

最后，与美国和其他老牌发达经济体相比，全球化在塑造韩国新兴特权中产阶级方面发挥着更为重要的作用。当然，全球化对于发达社会和新兴工业社会同样重要，但对后者的影响更大，因为它们的经济刚刚融入全球资本主义体系，因此更容易受到全球化力量驱动的变化的影响。我们已经看到，自1990年代后期以来，韩国积极迎接全球化导致不平等加剧，并在成功适应全球化力量的人和无法适应全球化力量的人之间形成了一条新的分界线。因此，全球化可以被理解为中产阶级内部不平等和分化加剧的一个重要原因。除此之外，通过给国际社会带来新的机会和价值观，全球化改变了不平等的表现形式。它打开了通往新的消费、新的时尚和生活方式、更自由地出国旅行、更多的全球教育机会等的大门。实际上，如今能够积极参与全球消费与教育市场，就表明你已经成为特权中产阶级。特权中产阶级的生活方式和流动策略与那些缺乏足够资源的人截然不同，这就是我将新兴富裕中产阶级称为"全球中产阶级"的原因。在我之前的著作中，我将全球中产阶级定义为"那些拥有足够的经济和文化资源，能够积极参与全球消费和教育市场，在新的全球化环境中寻求社会流动和身份认同的人"（Koo，2016：10）。

我的研究方法

考虑到这些因素，我将新兴富裕中产阶级称为"新兴上层中产阶级"，或"特权中产阶级"。"全球中产阶级"是另一个值得考虑的合适概念。但是，这一概念更常被用于指欠发达经济体中的新兴中产阶级，而不是发达经济体中中产阶级中的富裕群体（Derne，2005；

Parker, 2009; Kharas and Gertz, 2010; Kharas, 2017)。此外，在韩国这样的社会，全球化的推力如此强大以至于所有中产阶级成员的态度和行为方式都在一定程度上全球化了，因此"全球的"和"全球化的"这两个概念似乎并不特别有助于区分富裕中产阶级与其他中产阶级。

粗略估计，我认为收入最高的 10% 的群体属于目前韩国的新兴上层中产阶级。从这个意义上说，我的概念与 Reeves（2017a：20-21）的概念类似，他认为收入最高的 10%~20% 的群体构成了美国的新兴上层中产阶级。当然，这个群体并不是同质的。这个群体中的许多人在职业或收入上与主流中产阶级没有明显的区别。而且他们中的一些人比大多数中产阶级家庭更富裕，接近上层阶级。但正如前面解释的，他们并不是真正的上层阶级。将专业人员和管理人员中的富裕群体视为介于上层阶级和中产阶级之间的一个独立类别，如"优才精英"或"财富精英"，可能更有意义。但我认为这些概念并不特别适合韩国的新兴富裕群体。如上所述，这些人中的许多人，无论是不是专业人员，都是通过投机性房地产投资和政治寻租等非劳动收入积累财富的。因此，在公众眼中，这一群体的阶级形象缺乏精英和精英主义的元素，尽管这种情况在未来可能会发生变化。

然而，本书的主要关注点既不是对特权上层中产阶级予以命名和分类，也不是对其进行系统分析。也就是说，我的目的并不是对任何特定阶级进行狭隘的社会学分析；相反，我的兴趣在于研究中产阶级社会空间中日益加剧的不平等所带来的社会和文化的动态变化。富裕中产阶级在这一动态变化中扮演着特别重要的角色，因此值得密切关注。但是，如果过于狭隘地关注这个阶级，我们可能会忽视整个社会正在发生的更宏大的变化。因此，我的研究旨在分析阶级关系和阶级的动态变化，而不是静态的阶级结构。

本书的章节安排

第 1 章介绍了韩国中产阶级在经济快速增长时期（从 1960 年代初到 1980 年代）崛起的背景以及自 1990 年代后期以来突然的衰落。作为国家推动的出口导向型工业化的产物，韩国中产阶级的形成既受到国家政治和意识形态目标的影响，也受到经济变革的影响。国家对培育作为现代化先锋的中产阶级有很大的兴趣，并利用这个阶级来展示韩国的经济奇迹。因此，中产阶级被概念化为非常宽泛的经济术语，使许多人更容易认定自己属于中产阶级。得益于经济的快速增长，中产阶级一度蓬勃发展，但在 1997 年亚洲金融危机后开始衰落。然而，导致中产阶级衰落的原因并不仅仅是经济因素，社会和心理因素同样发挥了重要的作用，对中产阶级的主观认同度比经济形势的客观变化下降得更厉害就证明了这一点。

第2章探讨了自金融危机以来日益加剧的不平等和明显的经济两极分化的模式。分析重点在于关注两种不同形式的两极分化：一种是横向的，发生在正规工人和非正规工人之间，以及大型企业员工和中小型企业员工之间；另一种是纵向的，发生在少数高收入者和其他人之间。数据显示，最近的新自由主义经济改革使最顶层（收入最高的1%的群体）实现了快速的收入增长，而中等收入群体的收入却在下降。数据还显示，收入最高的10%~20%的群体的收入也有大幅增长。由于这一收入类别中的许多人可以被视为属于中产阶级而非上层阶级，因此这一发现表明中产阶级内部出现了重要的分化。证据还表明，上层中产阶级和普通中产阶级之间的分界线变得比体力劳动者和非体力劳动者之间或工人阶级和中产阶级之间的传统分界线更为重要。

在现代社会中，阶级区隔和地位竞争最明显的表现形式就是消费。第3章探讨了韩国日益加剧的不平等如何体现在消费和生活方式领域，并描述了新兴富裕群体如何通过奢侈品的炫耀性消费和保持时尚的生活方式来努力拉开与普通中产阶级的差距。在1980年代之前，韩国消费市场相对不发达，消费在决定一个人的地位方面的作用十分重要。这不仅是因为中产阶级的收入仍然很少，还因为国家对人们的消费行为进行了严格控制。但随着韩国经济从1980年代初开始对进口消费品开放，韩国人的消费模式开始发生明显的变化。随着韩国在1990年代成为一个成熟的消费社会，中产阶级内部不断扩大的经济差距导致社会和文化形式的阶级区隔，这主要通过炫耀性消费来体现。引领这一趋势的正是新兴富裕群体，他们消费从西方进口的各种奢侈品。随后，奢侈品消费向低收入群体蔓延，刺激了他们的模仿性消费，对他们本已岌岌可危的经济状况产生了不利影响。

与消费相关，自1980年代以来在韩国发展起来的另一种重要的阶级区隔形式是阶级的空间区隔。随着汉江以南首尔江南地区的开发，韩国的居住模式发生了翻天覆地的变化。第4章介绍了江南的崛起，并探讨了其对韩国阶级结构形态变化的影响。这个富裕的中产阶级地区有其独特的阶级文化。如果不考虑江南的特殊意义，就很难理解韩国的阶级动态。江南地区以其高级时尚与奢侈品消费以及优越的教育机会而闻名。优质学校和顶级私立学院（hagwon）[1]的聚集导致房价持续上涨，其速度远远快于其他城市地区。因此，人们对江南地区及其居民充满了羡慕、嫉妒和怨恨。进入2000年代后，江南地区的房价变得如此高，以至于居住在其他地区的中等收入家

1　韩国的校外学习模式主要分为三类：学院培训、教习所培训和家教服务。韩语中的hagwon，英文译为cram schools，意思是补习学校，学院培训也就是补习学校培训。教习所的英文为private institutes，是指不具备学院（补习学校）条件的、规模相对较小的补习班。由于补习学校或补习班同时出现，在中文语境中容易混淆，中文版将本书提及的cram schools（或hagwon）、private institutes和tutorial services分别译为学院、教习所和家教服务。——译者注

庭现在几乎无法搬进该地区。渐渐地，江南地区和非江南地区之间划定了阶级界限，而江南地区（至少是其核心区域）日益成为经济成功人士的专属区域。对于许多上进的中产阶级人士来说，江南的生活方式是成功的典范，但这种生活方式是高度物质主义、引人注目和竞争性的。简而言之，江南的发展使上层中产阶级和普通中产阶级之间的阶级界限变得更加清晰。

由于教育对中产阶级非常重要，接下来的两章将专门讨论这个议题。第 5 章探讨了为什么被公认为是世界上最好的教育体制之一的韩国教育体制，却给韩国人带来如此多的挫败感和焦虑，以及为什么近几十年来韩国教育体制不再是大多数人实现向上社会流动的阶梯。众所周知，韩国各阶级父母都对子女的教育抱有很高的期望，但与其他阶级相比，中产阶级对教育更为关注。在中产阶级中，上层中产阶级的父母最希望子女在教育竞争中获得成功，从而继承父母的地位。因此，富裕中产阶级的崛起以及这一群体与其他中产阶级之间不断扩大的经济差距，对韩国的教育变革产生了重要的影响。这主要通过学校系统之外补充私人教育的发展来实现的。推动这一进程的是政府尽一切努力摧毁精英高中的地位，并创建平等的高中制度。高中平准化政策的初衷是好的，然而富裕家长失去了对公立学校的信任，并试图在私人市场上购买更具竞争力的教育产品，其结果就是私人教育产业大规模且失去控制地增长。近年来，新自由主义在加速教育私有化、加剧教育竞争和增加教育成本方面发挥了重要作用。大学效仿美国模式，采用了一种新的新自由主义招生程序（这一招生程序强调多元化的教育技能和经历，而不仅仅是单纯的课堂学习）。尽管意图是好的，但教育变革的总体方向是提高课外私人教育和活动对孩子进入精英大学的价值。因此，孩子的教育成功更多地取决于父母的经济状况而不是他们自己的努力和才能。

第 6 章更加关注教育的全球维度。伴随着韩国对经济全球化的积极追求，教育体制也发生了许多变化，包括英语作为一项基本语言技能的兴起，以及韩国学生出国获得更有市场竞争力的教育资历的趋势日益明显。那些专业人员和管理人员对这一变化适应得最快。他们掀起了子女早期留学[1]的新潮流。早期留学的孩子往往由母亲陪同，形成了所谓的"大雁家庭"。这种策略适用于国内和国外。就国内而言，早期留学可以让孩子在美国或其他英语国家待上几年，回到韩国后，孩子的英语水平会大大提高，这在进入韩国名校（高中或大学）的竞争中是一个巨大的优势。或者，孩子也可以留在国外上大学。对于那些拥有特殊才能或学术兴趣的孩子来说，这是一个不错的选择，因为与韩国相比，美国或欧洲的精英大学能更好地培养这些孩子。但是，如果孩子在韩国学校系统中表现不佳，这种策

1　指的是低龄留学。——译者注

略则更多地被用作避免向下流动的手段。在许多方面，全球教育市场的扩张增加了特权中产阶级的优势，同时强化了较不富裕群体的劣势。然而，全球化的世界中不断变化的教育环境使任何一个群体都无法摆脱不确定性和焦虑。

在结论部分，我对本书的主要发现和观点进行了总结，并讨论了它们的社会学意义。结论还解释了本书的发现与其他社会的相关性，以及我的研究方法如何从布尔迪厄的阶级区隔理论中受益，但在某些重要方面也与它有所不同。

第 1 章　韩国中产阶级的兴衰

在 2012 年的总统竞选活动中，朴槿惠承诺将把规模缩小的中产阶级恢复到占总人口的 70%。韩国人普遍认为，1980 年代后期韩国的中产阶级达到这一规模，正是朴槿惠的父亲朴正熙推动的经济快速增长带来的结果。然而，自 1990 年代后期亚洲金融危机以来，韩国的中产阶级经历了严重的衰落。如何阻止中产阶级的衰落并恢复其活力，已经成为韩国近几十年来主要的政治和经济议题。虽然其他政党也宣称保护境况不佳的中产阶级，但朴槿惠响亮的口号被认为在很大程度上帮助她在选举中获得了成功。

　　遗憾的是，在因政治上的失误和腐败指控被弹劾前，朴槿惠仍未能扭转中产阶级数量下滑的趋势。然而，她竞选总统获得成功表明，韩国人非常重视中产阶级的规模，将其视为社会进步和善治的晴雨表。

中产阶级的崛起

韩国中产阶级的崛起是 20 世纪末工业化快速发展的直接结果。在 1960 年代初开始启动出口导向型工业化项目之前，韩国主要是一个以农业为主的社会，大多数人在农村生活和工作。事实上，韩国在日本殖民时期经历了大规模的工业化发展，并见证了一小部分下层官僚、教师、银行职员和未充分就业的知识分子人数的增加。虽然这一群体可被视为韩国最早的现代中产阶级，但由于其规模非常小且完全依赖殖民政府，因此这个标签并不适合。

1960 年代开始的快速工业化带来了经济和人们谋生方式的根本性变化。职业结构的变化非常显著：1950 年代后期，农民占韩国劳动力总数的 4/5，其中大多数是小农；而到 1980 年代初，农业劳动力仅占韩国劳动力总数的 1/3；到 1990 年代后期，只有 1/10 的劳动者仍然留在农村。因此，在 30 年的时间里，韩国由一个以小农为主的国家变成了一个以城市工薪劳动者为主的国家。正如 Chang Kyung-Sup（2010）所形象描述的那样，这显然是一个"压缩现代性"的例子。

韩国职业结构的变化很好地反映了 1960 年代到 1990 年代中产阶级的崛起。根据韩国统计协会（Korean Statistical Association）提供的数据，专业人员、管理人员和技术人员占劳动力总数的比例从 1965 年的 2.9% 上升至 1992 年的 10%。同期，普通白领的数量增长了 2 倍以上，从 4.1% 增至 14.4%。总体而言，从 1960 年代中期到 1990 年代初，可以被广泛归类为"新中产阶级"的人口占比从 7% 上升至 24.4%。到 1997 年，新中产阶级已经上升至占劳动力人口的约 30%。值得注意的是，1965~1992 年，销售和服务人员的数量占比从 18.4% 迅速上升至 29.3%。这类人员由高度异质化的群体组成，其中一些属于社会学家所称的老中产阶级或小资产阶级，而另一些则属于城市边缘阶级的一部分。约有一半的销售和服务人员可以被认为属于中产阶级。1997 年，他们在劳动力人口中占 11.5%。因此，按职业分布测算，1997 年，整个中产阶级（包括新中产阶级和老中产阶级）约占总人口的 42%。

作为中产阶级的中产层

在概念化韩国中产阶级时，学者和媒体专家都避免使用马克思主义术语，而选择使用一种普通的分层术语，即中产层（*chungsancheung*）。该术语指的是中等财富阶层或中等收入群体。[1] 这个术语的选择主要出于政治考虑，以避免受到坚定的反共产主义

1　这种在经济上对中产阶级进行概念化的方式在东亚社会中很普遍。在日本，中产阶级通常被称为中产阶层或中流阶层（Ishida and Slater，2010），与韩国的中产层有类似的含义。中国学者也主要以经济术语概念化中产阶级，称其为中产阶层或新中产阶层（Li，2010）。

国家的任何意识形态的怀疑。但是，对于刚刚摆脱贫困，渴望过上经济安全、舒适生活的普通人来说，这也是说得通的。中产层包括从事不同职业的人，从专业人员和管理人员、公务员到许多私营部门的白领，再到小商业者、出租车司机、熟练机械工等。随着就业市场迅速发展，赚取体面收入的机会随处可见。许多人开始觉得自己的经济状况比父辈们好得多，并憧憬着更美好的未来。中产层提供了一种合适的社会身份，许多人能与之产生共鸣，或渴望在不久的将来实现这一目标。

　　尽管中产层这一概念被广泛使用，但很少有确切的定义。国立首尔大学的社会学家于 1987 年进行了一项重要的社会调查，将中产层定义为："那些不一定富有，但经济上足以送他们的孩子上大学，以社会接受的标准维持与他人的社会关系，能够进行家庭暑期度假旅行，并享受一定水平的文化生活的群体。"（Han，Kwon，and Hong，1987）同样，《你是中产层吗？》（*Are You Chungsancheung？*）一书的作者将中产层定义为能够维持"体面的生活"的群体（Lee，1980）。他所说的"体面的"是指"有经济能力将子女送进高等学校，至少能维持面子上的社交关系，稍加努力便可以偶尔参与文化活动"。这两个定义都表明，中产层基本上是一个经济概念，是指有足够的收入来拥有自己的住房、为孩子提供良好的教育并以普通市民的经济水平参与消费活动的人群。

在这种相当模糊和包容性的定义下,中产层为韩国人解释他们在经济快速增长时期的处境提供了一个合适的概念。对于大多数普通人来说,成为中产阶级的一员是社会成功的重要判断标准。到了1980年代,大多数韩国人可以将自己的生活与父辈们的生活,甚至是与自己近期的生活进行比较,看到自己的生活水平得到了显著提高并期待进一步提高。尽管中产层的概念很模糊,但它代表了这种普遍的主观意识,即经济状况改善和实现向上社会流动。它还包含了对自己和孩子的未来持乐观态度的展望。在这方面,中产阶级可以被理解为一个"憧憬范畴"。实际上,这样的中产阶级概念并非韩国独有。正如Schielke(2012:40)在谈到埃及中产阶级时所写的那样,"中产阶级比其他任何阶级都更加面向未来。它关乎对地位的渴望,与其说是存在的人,不如说是要成为的人。可以这样说,中产阶级处于社会中层,拥有体面的生活,并对未来持积极乐观的态度"。

作为话语和社会契约的中产层

然而,韩国以及其他地方的中产阶级的形成,并不仅仅是经济因素的产物,它同时还是意识形态、话语和文化表达等符号过程的产物(Bourdieu,1984,1987;Wacquant,1991;Fernandes,2006)。 在韩国,国家支持的政治话语在塑造中产阶级方面发挥了特别重要的作用。通过军事政变上台的朴正熙政权（1961~1979 年）试图通过实现经济的快速增长来确立其政治合法性。国家繁荣强大、人民生活不断改善是政府的首要目标，这与建设中产阶级社会的计划完美契合。朴正熙宣称，国家的最终目标是实现"祖国现代化"（jokuk keundaehwa，国家现代化），将其重塑为"先进韩国"（seonjin han'guk，发达国家韩国）。因此，中产阶级人数的迅速增长被视为成功的经济增长的明显标志，也证明了加速实现国家现代化道路的选择是正确的。"让我们过上更好生活"（jalsala bose）和"我们能做到"（hamyon doenda）成了朴正熙政府的标志性口号，并在全社会引起共鸣。朴正熙承诺在 1970 年代末实现"我的汽车社会"（a my-car society），即绝大多数韩国人将过上中产阶级的生活。因此，中产阶级话语成为朴正熙政府巩固其国内外政治合法性的重要手段。正如 Yang（2012：425）所言："中产阶级的崛起对于韩国来说是一个重要的政治意识形态工程，旨在向世界展示其经济的现代化，并使国家发展计划合法化。"当然，韩国并不是唯一一个将中产阶级作为重要政治话语的国家。这是东亚国家主导的发展进程中的一种常见做法。

在韩国，中产层的另一个重要方面是其作为社会契约的作用。社会科学家们普遍认为，中产阶级是发达社会中社会契约的主要基础（参见 Zunz, Schoppa, and Hiwatari, 2002）。正如 Zunz（2002：2）所言："战后的社会契约刺激了发达工业化国家中产阶级的扩张，极大地加速了战前美国将工人阶级和中产阶级融合为一个庞大但有差异的中产阶级的趋势。"在韩国，发展型国家和公民个人之间形成了隐性的社会契约。契约涉及一个共同的假设，即：人们将因为努力工作并与国家的发展目标契合而得到回报。国家要求个人努力工作，自律自强，遵守雇主的规定，并将政治自由和民主置于次要地位。作为回报，国家承诺将进一步提高他们的生活水平，并帮助他们加入受人尊重的中产阶级行列。总体而言，对白领来说，这是公平的交换；但对蓝领产业工人来说却并非如此。工厂工人在低薪、恶劣的工作条件下遭受严重的剥削。在 1980 年代大规模劳工起义爆发之前，工人对工作场所的公正诉求一直遭到严厉压制（Koo，2001）。然而，中产层意识形态的力量足够强大，能够动员全体人民努力工作，为国家的发展事业做出贡献。

中产阶级身份认同

1960 年代，日本自诩为"90% 的中产阶级社会"或"一亿总中流社会"（ichioku sou-churyu shakai）[1]。韩国领导人渴望在 1980 年代

1　Gordon（2002：124）观察到，在日本，"关于日本中产阶级（无论在日本国内还是国外）定义的社会思想和行为模式是在 1950 年代后期到 1970 年代的经济高速增长时期形成的"。Kelly（2002：235）认为，"日本是一个'90% 的中产阶级社会'的说法已经持续了 30 年，尽管这一'主流'身份认同的实际影响是使社会分层的讨论'去阶级化'和'大众化'"。

末将韩国带入同一发展阶段。事实上，到 1998 年举办汉城奥运会时，韩国似乎已经实现了其中产阶级的目标。许多报纸报道的调查结果显示，在 1980 年代后期，70% 或更多的韩国人认为自己属于中产阶级。多家报纸、研究机构和研究者进行的大量调查显示，这一比例在 1990 年代上半叶上升得更高。[1] 尽管不同调查结果之间存在很大差异，但总体规律显然是认为自己属于中产层的人的比例持续上升：从 1960 年代的 40% 左右上升到 1970 年代的 60% 左右，再到 1980 年代的 60%~70%，最终在 1980 年代后期和 1990 年代达到 70%~80%（参见 Hong，2005）。

现在，一个有趣的问题是：当韩国人被问及是否属于中产层时，他们内心有何想法？换句话说，他们在确定自己或他人是否属于中产层时使用了什么标准？多项调查探讨过这个问题。在梨花女子大学于 1999 年开展的一项调查中，社会学家询问了受访者在判断某个人是否属于中产层时所考虑的因素（参见 Ham，Lee，and Park，2001）。受访者可以选择多个因素。结果显示，绝大多数（83%）认为自己属于中产层的受访者选择"收入稳定和经济宽裕"作为确定

1　中产阶级身份的认同水平在很大程度上取决于样本的选择方式和调查问题的措辞。举几个例子，在盖洛普调查（Gallup survey）（1989 年）中，有 75.0% 的受访者认定自己属于中产层，在 Hong（1992）的研究中这一比例为 86.8%，《中央日报》（*JoongAng Daily*）的调查（1994 年）为 70.7%，《朝鲜日报》（*Chosun Daily*）的调查（1995 年）为 75.0%，现代经济研究院（Hyundai Research Institute）的调查（1995 年）为 75.3%，《东亚日报》（*Dong-A Daily*）的调查（1995 年）为 92.4%，而《韩民族日报》（*Hankyurae Daily*）的调查（1998 年）为 77.0%。

其地位的第一要素。"职业特征"、"文化和休闲活动"以及"政治态度或社会参与"等其他因素的选择比例均不到10%。另一项由Doo-Seung Hong在2002年进行的调查基本上发现了相同的模式。受访者被要求选出他们认为识别中产层的最重要的两个因素。他们选项的顺序是收入地位（79.5%）、消费水平（43.0%）、文化休闲生活（22.1%）、职业地位（21.5%）、教育（17.2%）、良好的价值体系（12.3%）、公民参与（3.3%）和政治态度（0.7%）（Hong, 2005: 114）。

因此，韩国人对中产阶级的定义带有非常明显的经济学色彩。考虑到社会对成为富人的目标的关注度如此高，以及媒体将中产层主要定位为消费阶级，这并不令人感到特别惊讶。然而，令人费解的是，受访者在定义中产阶级时很少关注社会和文化方面。所有这些调查显示，受访者在定义中产阶级时认为道德和文化因素在决定一个人的阶级地位方面是最不重要的。当然，这并不一定意味着韩国人在评价他人时不重视道德和文化方面；相反，这表明道德和文化价值在很大程度上似乎与区分一个阶级和另一个阶级无关。可以想象一下，中产阶级在过去被视为这样一群人：他们拥有更多的金钱，享受更舒适的生活方式，但不一定比其他人更诚实、更值得信赖或更有公民意识。现在仍然如此。

从这一点来看，韩国中产阶级与文献所描述的19世纪早期欧美的典型中产阶级有很大不同。正如许多历史研究中所记载的那样，

19 世纪欧洲的中产阶级是基于特定的道德和宗教价值观来确认其阶级身份而不仅仅是基于财富占有情况。正如 Davidoff 和 Hall（1987：450）在谈到英国中产阶级时所写的那样："从 18 世纪末开始，越来越多宗教信仰虔诚的中产阶级人士宣称自己拥有道德权威，这一主张源于宗教信仰和'骄傲的虚荣心'，他们依靠的不是世俗利益而是天堂的认可。他们拒绝将土地财富作为荣誉的源泉，并坚持内在精神的至高无上，这带来了对家庭生活的关注，认为家庭生活是合乎基督教教义的生活所必需的基础。"

　　除了这种宗教虔诚之外，早期的欧洲中产阶级还发展了他们独特的价值体系，并试图在道德和文化素养的基础上将自己与其他阶级区分开来。正如 Frykman 和 Löfgren（1987：266）所描述的那样："资产阶级把自身定义为一个具有领袖气质的阶级，因为这一阶级有诸多美德：高尚的道德标准、自律和节制、节俭和理性、对科学和进步的坚定信念。在它之上或低于它的阶级都被认为缺乏这些品质。"美国中产阶级也表现出相同的文化价值观和家庭生活方式。正如 Blumin（1989：188）所指出的那样，19 世纪的美国中产阶级家庭"刻意尝试以一种展现社会体面并促进个人举止习惯养成的方式来塑造家庭环境，从而使其与机械的粗鄙世界和人造的时尚世界区别开来"。很明显，无论在欧洲还是美国，中产阶级都认为文化和道德价值观在确定阶级地位方面远比财富或权力重要得多。

当然，今天的欧美中产阶级与他们的前辈大不相同。众所周知，今天的中产阶级在宗教信仰和道德观念上都大不如前，他们的价值体系更加强调财富和物质拥有是社会地位的基础。然而，早期的中产阶级价值观可能并没有完全消失，而是继续影响着欧美中产阶级的自我认同和阶级行为。Lamont（1992）对法国和美国中产阶级进行的一项著名研究发现，这两个国家的上层中产阶级在确定自己与他们轻视的人之间的符号界限时存在有趣的差异。法国的上层中产阶级男性倾向于强调文化素养、智慧和高雅的兴趣，而美国的上层中产阶级则认为诚实、正直和为他人着想等道德品质更为重要。但两个国家上层中产阶级的共同点是更重视文化和道德品质，而并不是将财富占有或世俗成功作为受人尊敬的条件。最近一项关于纽约上层中产阶级的研究（Sherman，2017）描述了富人对其阶级地位感到的巨大焦虑。Sherman对纽约富人进行的深度访谈显示，他们中的许多人对在一个极不平等的社会中成为富人感到不安。这些富人意识到自己所享有的优势。为保护自己，他们强调花钱要有节制、谨慎，努力回馈社会以及用非物质主义的方式培养具有良好价值观的孩子。尽管人们可能会怀疑他们所说的是否完全是真实的，但显而易见的是，富裕的美国人强烈希望被视为道德上有价值的人而不仅仅是富有和成功的人。我认为，在韩国的新兴富裕群体中，这种强烈的道德关怀要弱得多，在其他大多数新兴工业化经济体中可能也是如此。

我认为，上述现象产生的原因，与其说是民族文化的差异，不如说是第一世界和第三世界中产阶级在形成时所处的历史背景不同。早期的欧洲中产阶级是在早期现代化、启蒙运动和宗教运动的独特历史背景下出现的。中产阶级是这一时期现代性的关键推动者（López and Weinstein，2012）。韩国中产阶级，在更广泛的意义上说是 20 世纪后期出现的"全球中产阶级"，却被剥夺了这样的历史角色。在那个时候，第一世界的现代性已经建立起来了，发展中国家中产阶级的角色只是简单地借鉴或复制西方模式。现代性的理念和中产阶级的形象必须从第一世界借鉴，对韩国而言，更确切地说是从美国引进。[1]当今的晚期资本主义的主导文化以物质主义、消费主义和全球主义为代表。

毫不奇怪，韩国中产阶级生来就没有扮演过真正的现代化推动者的历史角色，又被全球消费主义的强大力量所塑造，他们主要以物质主义和消费主义的方式被塑造出来。事实上，还有其他因素促成了韩国中产阶级朝这个方向发展。其中之一是国家的发展主义意识形态，这种意识形态将经济增长置于国家的其他目标之上，并鼓

1　Owensby（1999：8）所描述的墨西哥中产阶级的情况适用于大多数其他第三世界国家："通过报纸、图书、杂志、广告、广播节目、照片和电影，巴西人接触到现代性的概念。这个概念的灵感来自纽约、巴黎和伦敦所传递的现代性愿景。"

励人们在"让我们过上更好的生活"和"我们可以做到"的口号中前进。在这种物欲横流的环境中，致富被视为个人的首要美德。因此，中产阶级的主张主要是经济和物质标准高于一切。媒体积极地与国家合作，不断强调从美国和欧洲借鉴过来的"幸福中产阶级生活"的消费主义形象，从而强化了人们的这种物质主义取向。

突然的逆转

1996 年，《新东亚》（*Shin Dong-A*）月刊对韩国生活质量进行了一项民意调查。调查结果出人意料的好，令人惊讶。"2/3 的韩国人回答他们很幸福；1/3 的人认为他们比其他人生活得更好；2/3 的人认为他们的生活水平与其他人相当，并且相信自己的未来会更好。"此外，八成受访者认为自己的生活水平属于中产阶级。因此该杂志得出结论："韩国人是幸福和乐观的"（*Shin Dong-A*，1996）。

值得注意的是，韩国社会的这种乐观景象只维持了一年，骇人的金融危机就在 1997 年席卷而来。人们普遍认为亚洲金融危机是韩国经济和韩国中产阶级命运的一个重要转折点。这场金融危机最严重的后果是失业率急剧上升。失业人员的数量从 1997 年 12 月的 65.8万人增加到 1998 年 12 月的 170 万人，增加了 1.58 倍。绝大多数失业者是体力劳动者，但也有相当比例的白领和管理人员被裁员。由于许多银行倒闭或被合并，金融业出现了大规模裁员。据报道，五家最大的企业集团（财阀）约有10%的员工失业（Shin and Chang, 2000）。许多四五十岁的管理人员被迫提前退休，享受所谓的"荣誉退休"。

所有这些经济困境对韩国中产阶级造成了严重打击。正是在经济低迷的形势下，中产阶级的"崩溃"、"倒塌"或"消亡"成为一种主流的公共话语，媒体、政客和学者都在频繁讨论。在此期间，几乎所有的主要报纸均对韩国中产阶级的崩溃进行了专题报道。根据现代经济研究院在1999年进行的一项调查，仅有45%的受访者认为他们属于中产层，与几年前（1995年）的75.3%相比大幅下降（HRI, 1999）。

从1990年代开始，韩国政府统计机构——韩国统计厅（Statistics Korea）——开始根据通行的经合组织衡量标准，将中产阶级定义为收入在中位数的50%~150%之间的人群。因此，政府可以收集从1990年代初至今关于韩国中产阶级的比例变化的连续数据。图1.1中的数据显示，韩国中产阶级的比例从1990年的74.8%下降到2000年的70.2%，2010年又下降到65.4%，2015年上升到65.9%。与其他发达经济体相比，在过去二三十年中，韩国中产阶级衰落的速度要快得多。根据经合组织的一份报告，从1980年代中期到2010年代中期，经合组织成员国中等收入家庭的比例平均从64%下降到61%（OECD, 2019）。

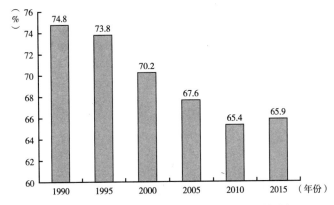

图1.1　中产阶级的比例（以收入中位数的50%~150%为标准）

注：数据来自城市中有两个或两个以上成员的城市家庭。

数据来源：Yoon et al.（2014），KOSIS（2017）。

　　但是，如果从个人的主观认同而不是客观收入状况的角度来衡量，韩国中产阶级比例的下降趋势就会更加明显。在1990年代末，主观认同为中产阶级的比例下降至40%左右。尽管在亚洲金融危机之后主观认同为中产阶级的比例略有回升，但从2000年代初开始再次下降。2005年冬季《中央日报》进行的一项调查显示，有56%的受访者认为自己属于中产层（*JoongAng Daily*，2006）。调查报告称，这是"前所未有的下降"，并将这一数字与1994年同一调查得出的70.7%进行了比较（见图1.2）。另一家主要报纸《朝鲜日报》在2019年进行了一项大规模调查，发现48.7%的受访者认为自己的阶级地位是中产层（Park，2019）。同样比例（48.9%）的受访者表示他们属于低收入阶级，而仅有 2.4% 的受访者认为自己属于高收入阶级。由《每日经济新闻报》（*Maeil Kyungje*）进行的另一项调查发现，42.2% 的受访者认为自己是中产层（Kim and Park，2019）。

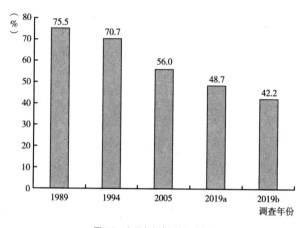

图1.2　主观中产阶级认同比例

数据来源：*JoongAng Daily*（2006），Kim and Park（2019），Park（2019）。

　　无论是按照客观收入标准还是主观自我认定标准来衡量，自 1990 年代中期以来，韩国的中产阶级已经明显萎缩。韩国中产阶级持续萎缩的原因是什么？答案并不难找到。事实上，很多研究文献对其成因有着广泛的共识。

　　首要的原因是就业市场的不安全感，这意味着收入来源的减少且不稳定。自 1990 年代后期以来，随着韩国经济逐渐转向新自由主义和数字化，中产阶级的就业市场变得越来越不稳定和缺乏保障。

许多大型企业采取了灵活的劳动力市场策略，减少了新员工的数量，同时用自动化取代了许多常规的白领工作。[1]大中型企业的许多工作也从常规的标准雇佣形式转变为没有固定合同的非标准雇佣形式。即使对普通工人来说，所有大型企业的退休年龄也都大幅降低。一项研究表明，2010 年代大型企业管理人员的平均退休年龄为 53 岁（Shin，2015）。在这个年龄，许多退休人员的子女仍在上学，需要至少再抚养几年。因此，许多退休人员必须寻找临时或不稳定的工作或自主创业，这通常涉及从管理职位向下流动到边缘中产阶级或下层阶级的人群。

除了父母的工作不稳定外，年青一代还面临很难找到稳定工作的困境。多年来，"好工作"的数量几乎没有增加，而大学毕业生的数量却因 1990 年代以来大学的扩招而大大增加。因此，许多应届大学毕业生在找到一份稳定的工作之前，通常要做 2~3 年的临时工作。可悲的是，作为韩国受教育程度最高的一代，"千禧一代"在大学毕业时却发现等待他们的是最严峻的就业市场。

正是由于在同一个家庭中，父母和子女都面临严峻的就业市场形势，这使许多中等收入家庭难以维持他们中产层的地位。正如

---

1 1996 年，"好工作"的数量为 535 万个，但劳动力中的大学毕业生数量为 497 万。但到了 2010 年，"好工作"仅略微增加至 581 万个，而大学毕业生的数量激增至 965 万，造成了约 400 万名高技能工人的过剩（Um，2015）。

Shin（2015：68）所指出的那样，"中产阶级家庭的危机感加深了，因为父代由于提前退休面临的困难与子代尽管取得高学历但仍无法获得中产阶级工作和收入的困难相叠加"[1]。

除了就业市场的问题外，中产阶级衰落的另一个重要原因是住房、教育、医疗保健以及一般消费品和服务的成本上涨。这意味着在收入停滞不前的同时，维持中产阶级生活水平的成本却变得越来越高。当然，这并不是韩国独有的问题，而是大多数发达经济体普遍存在的问题。例如，在经合组织成员国，过去 20 年房价的平均上涨速度是家庭收入中位数的 3 倍（OECD，2019）。过去 30 年里韩国房价增长了 2 倍，而平均收入增长了 33%；也就是说，房价的增长速度是收入增长速度的 6 倍（Kim and Park，2019）。韩国教育费用的负担不亚于住房费用。2000 年，普通中产阶级家庭平均将可支配收入的 6.8% 用于子女的教育，2013 年这一比例为 10.5%（HRI，2015）。事实上，大多数中产阶级家庭将教育成本上升视为他们面临的头号问题（HRI，2015；Hong，2005）。

除了劳动力市场的不安全感和维持中产阶级生活方式的成本上升之外，2 个人口因素也导致中产阶级规模缩小。其中一个因素是

1　Cho 和 Choi（2016：57）提出了同样的观点："未能（令人满意地）融入社会的子代必须在经济上依赖父代，因此，他们的经济困境导致父母的经济负担。当中产阶级的代际再生产变得困难时，即使父母目前仍属于中产阶级，其中产阶级危机感也会加深。"

人口老龄化，另一个是一人户家庭的增加。20 世纪，韩国已成为世界上人口老龄化最严重的国家之一。与拥有健全社会保障体系的发达经济体不同，韩国尚未为老年人口建立起像样的福利制度。因此，一旦从白领工作岗位上退休，大多数中产阶级人士就很容易向下流动。一人户家庭的增加是导致中产阶级衰落的另一个重要的人口因素，因为大部分单身人士的收入不足以维持中产阶级的生活方式。与其他发达经济体一样，在当今的韩国社会，维持中产阶级标准通常需要一个双职工家庭的两份收入。[1]

不断变化的中产层含义

韩国中产阶级的衰落可以从客观测量和主观认同两方面观察到。然而，与那些属于中等收入类别的人口的数量相比，这种变化更明显地体现在将自己视为中产阶级的人口的数量方面。正如我们所看到的，按照收入状况（收入中位数的 50%~150%）定义的中产阶级的比例从 1990 年代中期的 75% 下降到 2019 年的 58%。但将自己视为中产层的人数比例从 1990 年代中期的 70%~80% 下降到 2019 年的

---

1 2010 年代，一般中产阶级家庭的典型画像是三口之家，拥有两份收入，父母年龄接近 50 岁且受过大学教育。相比之下，1990 年代的典型中产阶级家庭则为四口之家，通常只有一个收入来源，由一位年龄接近 40 岁、受过高中教育的户主养家（HRI, 2015）。

40%~50%。实际上，2013 年由韩国社会学会（the Korean Sociological Association）进行的另一项调查发现，仅有 20.2% 的受访者认为自己属于中产层（Yee，2014）。

这些发现表明，许多收入水平足以被认定为中产阶级的人并不认为自己属于中产阶级。这与 1997 年之前的情况相反。在 1990 年代，许多客观上被归类为工人阶级的人认为自己属于中产层。例如，1990 年代进行的一项调查发现，40% 的受访体力劳动者认为自己属于中产层（Hong，2005：116）。[1] 因此，如果中产阶级的身份认同在早期是言过其实的，那么在当前则变得灰心丧气。

一项调查仔细研究了这一差异。现代经济研究院使用 2013 年的调查数据，将按照官方定义的中产阶级（收入中位数的 50%~150%）估算的中产阶级规模与受访者的自我认同进行了比较（HRI，2013）。结果表明，在根据客观定义被划分为中产阶级的人群中，只有 45% 的人认为自己属于中产层，其余 55% 的人表示他们属于低收入群体。另一项基于前面提到的 2013 年韩国社会学会的调查研究发现，即使在那些被认为是"核心中产阶级"的人中，也只有 33% 的人认为自己属于中产层；而在下层中产阶级受访者中，只有 15% 的人认为自己属于中产层（Yee，2014）。

1　在 1990 年代，当被要求在广泛的社会分类中将自己定位为上、中、下层时，在客观界定为工人阶级的人中，77% 的人自认为处于"中等水平"（不同于"中产阶级"）。

　　这是一个有趣的谜题。为什么那些收入水平符合中产层标准的人觉得自己不属于中产层？答案非常简单。大多数人认为中产阶级的标准比官方标准（收入中位数的50%~150%）要高得多。那么，在大多数人心中成为中产层的标准又是什么呢？最近由Maekyung和JobsKorea联合开展的一项调查全面探讨了这个问题（参见Kim and Park，2019）。调查询问受访者在他们看来成为中产层的标准收入是多少。受访者选择最多的收入类别是每月500万~600万韩元（约合4500~5400美元）。2018年，韩国的月收入中位数为230万韩元（约合2100美元）。这意味着大多数人认为收入是全国收入中位数的2倍是加入中产阶级行列的必要条件。调查还询问了将拥有房产作为中产阶级成员资格的问题，受访者选择了市场价值约为50亿韩元（约合454500美元）的30~40坪（pyong）[1]（99~132平方米）的公寓作为成为中产层的资格。除财富占有外，受访者还表示一定的"生活质量"是成为中产阶级的必要条件。例如，他们认为一个普通的中产阶级家庭应该能够每月享受4次左右的外出聚餐，并且每年能够进行1~2次海外休闲旅行。

　　由此可见，大多数韩国人联想到的中产层的生活水平已经比过去提高了很多。考虑到最近几十年来经济增长缓慢，这是一个相当

---

[1] 坪为韩国通用面积单位，1坪等于3.3057平方米。——译者注

令人惊讶的发现。正如社会学家 Yee（2014：129）所观察到的那样："那些居住在 30 坪（99 平方米）以上房屋中、收入超过全国平均收入的 90%、接受过社区大学以上教育、从事半专业或更高地位职业的人，一定是那些按客观标准在韩国过上比平均生活水平更高的人。然而，他们中的许多人却认为自己不属于中产层，这表明中产层的标准已经被抬高到不切实际了。"Yee 说得非常对。但我们必须要问：为什么今天的韩国会出现这种现象？

我认为，韩国人将这种不切实际的高标准作为中产层成员资格的主要原因是中产阶级中富裕群体的崛起，以及其成员所发展的新型消费模式和生活方式，这是他们与普通中产阶级区别开来的一种策略。正如我们将在接下来的章节中看到的那样，自 1990 年代后期以来，韩国收入分配的不利趋势造就了少数富裕家庭，他们热衷于通过炫耀性消费和高级生活方式来确立自己的特权地位。随着韩国经济的全球化，韩国的消费市场已经大幅扩张，奢侈品消费成为一种主流趋势。现在，新兴富裕群体可以享受以前无法获得的各种奢侈品和休闲机会。而普通中产阶级则试图模仿富人的消费模式和生活方式。由于大多数新兴富裕群体中的人曾经是他们的同辈人，因此大多数中产阶级人士不甘落后，努力追赶他们。

在大多数中等收入者眼中，中产层的新标准就是他们从新兴富裕群体的生活方式中观察到的。作为一个以上层中产阶级为主的城区出现的江南促进了这种看法的形成。媒体也对中产阶级形象的改变做出了巨大贡献。通过电视剧、商业广告和互联网资料，媒体不断强调新兴富裕群体的生活方式，使其看起来像是一种新的体面的标准。用这个标准来看，尽管它可能高得不切实际，但许多中等收入群体的人感觉自己不再属于中产层也就不足为奇了。简而言之，随着不平等日益加剧，中产层的含义发生了变化，这导致在这个超级消费主义时代，地位竞争愈演愈烈。

第 2 章　增长的不平等

20 世纪下半叶，尽管韩国的经济高速增长，但其经济不平等程度较低。[1] 几乎全体国民都经历了收入的稳步增长和生活水平的显著提高。即使在 20 世纪七八十年代快速工业化转型时期，与其他国家相比，韩国的收入不平等程度也保持在较为适中的水平。因此，韩国凭借实现了经济学家所说的"公平增长"与"共享繁荣"而获赞誉（World Bank，1993）。然而，近年来这种情况几乎发生了根本性的逆转。韩国不再是一个不平等程度适中的社会；实际上，它的收入不平等程度接近美国，而美国的收入不平等程度在经合组织成员国中是最高的。

在过去 20 年里，韩国的收入分配呈现两种两极分化的趋势：一是基于不同雇佣身份的劳动力市场出现了两极分化，在正规（标准）工人和非正规（非标准）工人之间，以及在大型企业员工和中小型企业员工之间出现了巨大的收入差距；二是少数顶层收入者与劳动力市场中的其他劳动者（收入结构中收入最低的 80％的群体）形成

1　本章内容是我此前文章（Koo，2021）的修订版。

了两极分化。这种收入分配模式导致工人阶级和中产阶级的内部分
化及这两个阶级之间的界限变得模糊。

收入分配趋势

图 2.1 展示了 1990~2016 年韩国基尼系数的变化趋势。图 2.1 显
示，1990~1992 年韩国的收入不平等程度呈下降趋势，这延续了 1980
年代以来良好的收入分配状况（不同时期对不平等程度的测量标准
不一致，此处未给出早期数据）。以往的研究表明，韩国在 1960 年
代经历了收入不平等程度的大幅下降，1970 年代不平等程度有所上
升，然后在 1980 年代初到 1990 年代初的很长一段时间内，收入不
平等程度不断下降（Kwak and Lee，2007；Kim，2012；Ryu，2012；
Shin，2013；Cheon and Shin，2016）。但从 1994 年开始，收入不平
等程度开始上升，在亚洲金融危机（1997~1999 年）期间上升最为显
著，基尼系数从 1995 年的 0.259 上升到 1999 年的 0.298。1999~2000
年收入不平等程度有所下降，随后又波动上升到 2009 年的 0.320。从
2009 年开始基尼系数再次下降，但从 2015 年开始再次上升。

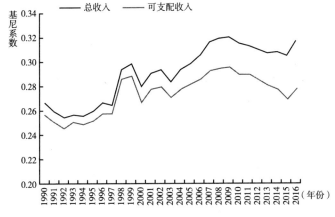

图 2.1　基尼系数的变化趋势（1990~2016 年）

注：收入是指家庭收入除以家庭成员人数，基于对有两个或两个以上家庭成员的城镇家庭的全国性调查。

数据来源：不同年份的数据来自韩国统计厅国家统计门户网站（Korean Statistical Information Service）。

如果我们考察另一个测量收入不平等的常用指标，即十等分收入群体的收入份额，那么就会看到近期收入不平等程度的上升更加明显。收入最高的 10% 的群体与收入最低的 10% 的群体的收入份额之比从 1990 年的 3.30 变为 2000 年的 3.75，再到 2010 年的 4.90，2016 年为 5.01。

2013 年韩国的基尼系数为 0.302（以家庭收入分配为测量标准），略低于经合组织成员国的平均水平（0.316），在 34 个经合组织成员国中排在第 17 位。但是从个人收入的基尼系数来看，韩国是不平等程度最高的国家之一（Cheon and Shin，2016）。造成这种差异的原因是韩国每个家庭中赚取收入者的人数多于其他发达经济体。韩国收入最高的10%的群体与收入最低的10%的群体的收入比值为4.78，非常接近美国的4.89，而美国是经合组织成员国中收入比值最高的国家。这些数据表明，与大多数其他发达经济体相比，韩国在最近几年经历的收入不平等程度的上升趋势更为明显。

　　研究韩国不平等问题的专家普遍认为，亚洲金融危机是韩国收入分配趋势的转折点（Kim，2012；Shin，2013；Joo；2015；Cheon，2016）。人们普遍认为在此期间遭受的巨大经济挫折以及随后进行的广泛的新自由主义改革是导致收入不平等程度加深的主要原因。但是，将不平等程度加深完全归因于亚洲金融危机可能是没有道理的。正如图2.1中的数据所示，毕竟在亚洲金融危机发生两年前的1995年，不平等程度就已经开始上升。我们必须考虑其他广泛的结构性因素来解释这种变化，例如，韩国经济向技术密集型和资本密集型产业的转型以及经济自由化。同样重要的还有人口结构的重大转变，包括一人户家庭的增加、离婚率的上升和人口的老龄化（Shin and Kong，2014）。1990年代以来，所有这些变化都在加剧，并且在很大程度上影响了韩国的收入分配。尽管如此，毫无疑问的是亚洲金融危机在改变韩国的收入分配方面起了至关重要的作用。受亚洲金融危机影响，收入不平等程度急剧上升。基尼系数从亚洲金融危机前1996年的0.266上升到1999年的0.298，三年内增长了12%。在同一时期，收入最高的10%的群体与收入最低的10%的群体的收入比值从3.46上升到4.16，这显然确立了随后一段时期内不平等程度持续上升的模式。

1990年代后期与前一时期的不同之处不仅在于不平等程度的上升，还在于其模式更加复杂。为了充分理解这一变化，我们需要从两个方面来研究近期日益上升的不平等程度。一是劳动力市场部门分化加剧的不平等，包括正规工人和非正规工人之间，以及大型企业员工和中小型企业员工之间的分化；二是收入等级的顶层出现了不平等现象，少数高收入群体与其他群体之间出现了分化。大多数关于韩国不平等问题的研究倾向于关注这两个方面中的一个，但在本书中，我希望通过同时考虑横向劳动力市场机制和纵向收入分化机制来更全面地描述韩国的收入分配情况。

劳动力市场的分化

亚洲金融危机最重要的后果之一是1998年《劳动法》的修订，这使企业可以轻易解雇冗余人员，或者用非正规工人取代正规工人。韩国资本家曾试图在1995年修订《劳动法》，但遭到工人的激烈反抗，只获得了有限的成功。由于危机环境和金大中政府（1998~2002年）施加的巨大压力，他们得以通过三方委员会（代表工人、企业和政府）进行新自由主义改革。这次《劳动法》修订的直接结果是：裁员人数急剧增加，短期用工或其他临时工取代了正规工人。因此，在亚洲金融危机后期，非标准、非正规工人的数量急剧增加。根据政府的劳动力统计数据，非正规工人（包括临时工和日工）的占比从1995年的41.9%上升到2000年的52.1%。但根据一家独立的劳动研究机构的数据，非正规工人占全部受薪员工的比例从1996年的43.2%飙升至2000年的58.4%。政府于2002年界定了非正规工人的标准定义，并开始使用这个新定义来测量非正规工人的规模。根据这个定义，非正规工人包括临时工、固定期限合同工、分包工人、派遣工、独立合同工人、居家工作者和日工。在其他国家，这类工人通常被称为非标准或不稳定工人。正规工人则包括签订了长期雇佣合同的全职员工。根据政府的统计数据，非正规工人的比例从2001年的26.8%急剧上升至2004年的37.0%，随后开始以极其缓慢的速度逐步下降，2008年降至33.8%，2015年降至32.5%（见图2.2）。一个重要的事实是，即使在2010年代中期，约有33%（根据政府统计数据）至45%（根据劳工权益团体统计数据）的韩国劳动力从事非正规、不稳定的工作。2010年代，即使是公共部门也有20%左右的非正规工人（A. Kim，2004；Shin，2012；Kim，2015；Lee，2015）。

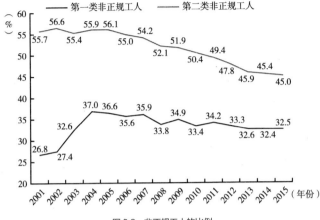

图2.2　非正规工人的比例

注：第一类非正规工人的数据基于政府对非正规工人的定义得到，而第二类非正规工人的数据则基于劳工权益团体对非正规工人的定义得到。

数据来源：不同年份的数据来自韩国劳动研究院（Korea Labor Institute，KLI）和韩国劳动与社会研究院（Korea Labour and Society Institute，KLSI）。

正规工人与非正规工人

尽管采取了一些政策措施来减少非正规工人的数量，但自1990年代初以来，非正规工人的数量仍然不断增加，且仍在持续，这在很大程度上说明韩国劳动力人口在劳动力市场上的不稳定状况。这些趋势还揭示了韩国社会不平等程度日益加深的一个新的主要来源。如表2.1所示，2010年非正规工人的平均收入是正规工人的54.8%（根据政府统计数据）。到2015年，这一差距基本保持不变，为

54.4%。平均而言，在工作时间相同的情况下，非正规工人的收入约为正规工人工资的一半。这是21世纪韩国一个相对较新的现象，因为在1990年以前这种劳动力市场的二元性并没有对收入差异产生如此重要的影响。而且在那个时期，正规工人和非正规工人并没有真正构成两类截然不同的劳动者。这是因为当时的就业市场更加开放、流动性更强，劳动者能够轻易地从临时工作岗位流动到长期工作岗位。而正规工人即便是签订了标准合同也并不意味着就能得到《劳动法》、工会或政府的良好保护。然而，自1990年代末以来，企业有意尝试使用非正规工人作为降低劳动力成本和平衡受法律保护的正规工人的主要手段。

表2.1　非正规工人的工资与正规工人的工资比值

	2002 年	2005 年	2010 年	2015 年
正规工人	100	100	100	100
第一类非正规工人	67.1	62.7	54.8	54.4
第二类非正规工人	52.7	50.9	46.9	49.8

注：第一类非正规工人的数据基于政府对非正规工人的定义得到，第二类非正规工人的数据则基于劳工权益团体对非正规工人的定义得到。

数据来源：不同年份的数据来自韩国劳动研究院（KLI）和韩国劳动与社会研究院（KLSI）。

　　如今，非正规工人在其他形式的补偿和社会保护方面也处于非常不利的地位。他们中的大多数人享受不到正规工人可以享受的辞退费、医疗保险或其他来自企业的福利补贴。非正规工人还被禁止加入代表正规工人权益的工会。确实存在极少数专门为非正规工人组织的工会，但它们仅能代表不到2%的非正规工人，而且基本上无力改善他们在劳动力市场上的弱势地位。（2015年，1.9%的非正规工人和20.9%的正规工人加入了工会）。更糟糕的是，在韩国劳动力市场上从非正规工作转为正规工作的机会非常有限。2010年代的一项研究发现，22.4%的非正规工人在工作三年后转为正规工作，而50.9%的人继续从事非正规工作，26.7%的人则失业了（OECD，2015）。

最有可能从事非正规工作的人是20岁以下的年轻人和60岁以上的老年人。2015年，20岁以下的工人从事非正规工作的比例接近90%。他们中的许多人是在服务业打零工、挣最低时薪的大学生。在60岁以上的年龄组中，非正规工人的比例也在急剧上升（参见图2.3）。

性别在决定就业状况方面起着同等重要的作用。2015年，55.3%的女性劳动者从事非正规工作，而非正规就业的男性比例为36.4%。在30~34岁的劳动者中，从事非正规工作的女性劳动者占36.7%，而从事非正规工作的男性劳动者则占25.1%。在35~39岁的劳动者中，从事非正规工作的女性劳动者占45.0%，而从事非正规工作的男性劳动者占23.5%。男性在50岁时进入非正规工作的可能性大大增加，但女性在30岁出头的时候就会面临这种情况。

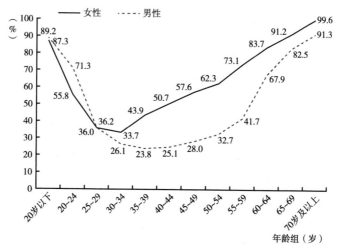

图 2.3　按年龄和性别划分的非正规工人的比例

数据来源：KLSI（2012，2015）。

大型企业与中小型企业

在过去 20 年里，另一类重要的分化是大型企业和中小型企业之间的分化。自亚洲金融危机以来，韩国少数大型企业成功地适应了全球化挑战，而大多数中小型企业则在新兴经济体面临的日益激烈的国际竞争中几乎难以生存。韩国产业的这种不平衡增长导致近几十年来不同类型企业之间不平等的扩大。在 1990 年之前，大型企业与中小型企业之间的工资差距相对较小，但此后明显增加。表 2.2 显示，1980 年中小型企业员工的平均收入约为大型企业（雇用 300 人及以

表2.2 大型企业员工与中小型企业员工的收入差距

	1980 年	1990 年	2000 年	2010 年	2014 年
大型企业员工	100	100	100	100	100
中小型企业员工	96.7	79.9	71.3	62.9	62.3

注：大型企业是指员工在 300 人及以上的企业；中小型企业是指员工少于 300 人的企业。

数据来源：Chang，2015：94。

上）员工平均收入的 96.7%。但这一比例在 1990 年降至 79.9%，2000 年降至 71.3%，之后在 2010 年降至 62.9%。幸运的是，2014 年中小型企业员工与大型企业员工的收入差距与 2010 年保持在相同水平。但一个重要的事实是，大型企业员工和中小型企业员工之间的收入差距几乎与正规工人和非正规工人之间的差距一样大。事实上，韩国著名劳动力市场分析家 Jung（2013）认为，韩国大型企业员工与中小型企业员工之间的收入差距比正规工人与非正规工人之间的差距更大。大型企业与中小型企业之间的这种巨大的收入差距的形成有许多原因，但一个关键原因是许多中小型企业成为大型企业的分包商，并且与后者之间存在极不公平和剥削性的商业关系。更令人不安的是，在全球化时代，韩国的产业结构变得严重失衡和更加二元化，全国只有少数劳动力受雇于大型企业，而大多数人在中小型企业就业。2014 年，81% 的劳动力在中小型企业就业，只有 19% 的劳动力在大型企业就业。

但是，并非所有大型企业都是相同的。韩国大型企业集团（财阀）和其他大型企业的工资水平存在明显的差异。例如，2014 年，尽管大型企业（雇用 300 人及以上）员工的平均年收入约为 52000 美元，但三星电子员工的平均年收入约为 92000 美元，而现代汽车员工的平均年收入约为 88000 美元。这意味着大多数大型企业员工的平均年收入不到顶级企业集团（财阀）员工平均年收入的 60%（Chang，2015）。

简而言之，除了教育和其他人口统计学因素外，有两个突出因素已经成为决定收入的关键因素，即就业状况（正规与非正规）和就业企业的规模。尽管这两个因素在 1990 年代之前也同样重要，但它们的工资差异化效应在 21 世纪变得更为明显。韩国经济在过去 20 年所追求的积极的新自由主义全球化，增强了这两个就业市场因素的影响力，从而加剧了韩国收入的不平等。

自雇部门

在就业劳动力市场发生这些不利变化的同时，自雇领域也存在同样令人忧虑的现象。韩国历来有大量的自雇者。2014 年，自雇者在韩国劳动力中的占比为 27%，在 34 个经合组织成员国中位居第四。其中绝大多数（约 74%）是没有雇员的个体经营者。他们的业务主要集中在零售业、餐饮业以及某些私人服务领域。

过去，独立小商业为许多来自农村的城市新移民提供了就业机会。许多没有接受过足够正规教育的小商业者仍然能够赚取体面的收入，积累少量资产，从而跻身中产阶级行列。他们购买了自己的住房，送孩子上大学，并能够维持体面的中产阶级生活方式。因此，在迅速工业化的韩国社会中，独立小商业成为实现向上社会流动的另一条渠道。

然而小商业领域在 21 世纪经历了许多不利的变化。首先，许多被挤出正规工作岗位的新人加入了独立小商业部门，使该部门趋于饱和。许多被解雇的白领和管理人员在劳动力市场上找不到其他出路，便下决心创业，而他们通常几乎没有任何商业经验。虽然小商业的数量持续增加，但经济增速放缓抑制了消费需求。更糟糕的是，大型企业集团同时侵入了小商业部门。餐饮场所、超市和服务行业越来越多地被财阀企业经营的连锁店占领。

在这样的商业环境下，自雇者的失败率必然很高，他们的收入情况也非常糟糕。根据国家统计数据，超过一半新开张的小商业在三年内就会破产（Lee，2015）。自雇者的经济状况可以通过将他们的收入与受薪工人的收入进行比较看出。2014 年，自雇者的平均月收入约为正规工人平均工资性收入的 60%。这与过去相比有明显的下降，过去自雇者的平均月收入与普通员工差不多。1990 年，自雇者的平均月收入为正规工人平均工资性收入的 95%，但在 2000 年降至 88%，并继续下降至 2014 年的 60%。因此，正如 Lee（2015：189）所说，"将韩国的自雇者视为一个没有安全感的阶级至关重要"，因为"该阶级中的下层群体面临过度竞争、净利润水平低、家庭债务负担重、工作时间长和社会地位提升的可能性小等问题"。因此，许多自雇者在就业市场上的地位与非正规工人一样不稳定（尽管他们在劳动力统计中是两个不同的类别）。

顶层收入的集中化

随着就业地位不平等程度的上升，韩国还存在另一个重要的趋势，即收入日益向收入等级结构的顶层集中。这是本书主要关注的不平等形式。在不久之前，关于韩国富人收入集中的可靠研究很少。但考虑到当今韩国不平等问题的重要性，以及皮凯蒂（Piketty，2014）对发达资本主义国家收入不平等的里程碑式研究的影响，韩国学者已经开始对收入集中在顶层的情况进行可靠性分析（Kim，2012；Hong，2015；Joo，2015）。他们采用了与皮凯蒂类似的方法，更多地依赖税务数据而不是家庭调查数据，众所周知，后者会低估收入等级结构中的顶层收入群体和底层收入群体。Nak Nyeon Kim 及其同事对近年来韩国顶层的收入分配情况进行了深入分析。本节内容在很大程度上依赖于他们的研究（Kim，2012；Kim and Kim，2015；Kim，2016）。

图 2.4 展示了过去 30 年来顶层收入群体（收入最高的 1% 的群体、收入最高的 5% 的群体和收入最高的 10% 的群体）的收入在国民收入中所占份额的变化情况。这项分析使用的数据来自世界顶层收入数据库（World Top Income Database，2015），其原始来源是各国税务部门

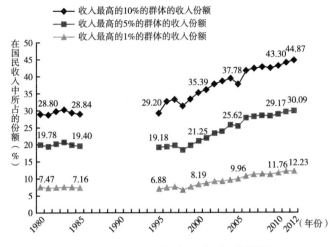

图 2.4　顶层收入群体的收入在国民收入中所占的份额

数据来源：World Top Income Database，转引自 Chang（2015）。

编制的税务报告。图 2.4 中的数据表明，与前一时期（1980~1985 年）顶层收入群体的收入份额几乎没有变化相比，在 1990 年代后期，收入最高的 10% 的群体的收入有了显著增长。例如，收入最高的 10% 的群体的收入份额在 1980~1985 年一直保持在 28.8%，但从 1995 年开始快速上升，从 29.2% 上升到 2012 年的 44.9%。同样，1980~1985 年，收入最高的 5% 的群体和最高的 1% 的群体的收入份额不仅没有上升，反而略有下降，但在 1995~2012 年，这两个群体的收入份额急剧上升。收入最高的 5% 的群体的收入份额从 1995 年的 19.2% 升至 2012 年的 30.1%，而收入最高的 1% 的群体的收入份额则从 1995 年的 6.9% 升至 2012 年的 12.2%。这些数据清楚地表明，1990 年代后期的新自由主义时期是收入迅速向顶层集中的时期[1]。

Kim 和 Kim（2015：16）在更详细的分析中证实，收入集中在收入金字塔最顶端的现象更为明显："虽然收入最高的 1% 的群体的收入份额从 1995 年的 4.89% 上升到 2010 年的 7.45%，但同一时期，收入最高的 0.1% 的群体的收入份额上升更快，从 1.27% 上升到 2.16%。这意味着，在 2010 年，收入最高的 0.1% 的群体的平均工资是所有人平均工资的 21.6 倍，而 1995 年仅为 12.7 倍。"

通过研究韩国较长发展时期内不同收入群体的实际收入，可以更明确地看出这种有利于顶层收入群体的收入分配模式的变化。图 2.5 中的数据呈现了 1963~2009 年各收入群体平均工资收入的变化情况（以韩元表示）。图 2.5 再次表明，在早期快速工业化时期，所有收入群体的收入以相似的速度增长。值得注意的是，收入最低的 90% 的群体的工资增长率与收入最高的 1%~10% 的群体的工资增长率相同。然而，自亚洲金融危机以来，我们看到了一种明显不同的模式。普通工人工资的增长微乎其微，而收入最高的 1%~10% 的群体的收入却持续增长。更重要的是，在收入最高的 10% 的群体中，收入最高的 0.1% 的群体的收入增长速度更快。

1　韩国富人群体的收入份额在 1980 年代与日本的模式相似，但（其后）韩国的模式开始偏离日本的模式，而是沿着与美国相同的陡峭上升曲线发展。在收入最高的 10% 的群体的收入份额与收入最低的 10% 的群体的收入份额之比上，韩国的不平等水平（4.78）在 2010 年前后非常接近美国的水平（4.89）（Kim and Kim，2015）。

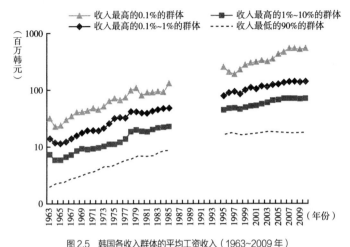

图 2.5 韩国各收入群体的平均工资收入（1963~2009 年）

注：工资收入根据 2010 年不变价格进行对数调整。

数据来源：Kim and Kim（2015）。

　　我们可以考虑导致收入向顶层集中的几个因素：结构性因素、技术性因素和政策因素。就结构性因素而言，最重要的是，到 1990 年代，韩国经济已是技术和知识密集型经济，并开始将低技术含量的制造业生产转移到中国、越南和印度尼西亚等低工资水平的经济体。这种产业转型自然提高了高技术技能的价值，那些掌握稀缺专业技术技能的人获得了极高的报酬。自 1990 年代以来，韩国的大型企业逐渐用基于绩效的薪酬制度取代了原有的基于资历的薪酬制度。因此，随着薪酬与员工的技能水平和工作绩效挂钩，企业内部的薪酬差异扩大了，从而导致收入不平等程度上升。

　　此外，自 1990 年代以来，大型企业集团的治理体系发生了重大变化。大多数企业集团开始采用以股东利益、股本融资和短期市场表现为导向的"盎格鲁－撒克逊"企业治理体系。越来越多的外国股东开始影响韩国大型企业的治理体系，并加速了韩国大型企业的这一转变（Chung et al.，2008；Kim and Kim，2015）。随着企业的变革，首席执行官（CEO）的作用变得比以往更为重要，他们获得异常高的薪资和其他经济奖励。因此，与其他发达经济体一样，韩国经济的新自由主义转型产生了皮凯蒂（Piketty，2014）所称的"超级经理人"或"超级工薪阶层"现象，即顶尖 CEO 获得巨额薪酬和丰厚的经济待遇[1]。

　　如果说新兴的 CEO 群体构成了韩国超级富豪的主要部分，那么另一个重要群体就是高收入的专业人员。一项关于收入最高的 1% 的群体的职业构成研究发现，他们大多数是医疗和金融行业的专业人员与管理人员（Hong，2015）。特别重要的职业群体包括医生、药剂师和金融专家。他们很可能是那些在自己所属领域拥有特殊技能和声誉的人，也可能是拥有独立生意的人。在顶层收入群体中，金融专家的崛起必然与韩国经济的金融化密切相关，这是所有发达经

1　Kim 和 Kim（2015：16）的研究指出："由于韩国缺乏成熟的经理人市场，大型企业尤其是拥有许多附属企业的财阀集团，激活了企业高管的内部劳动力市场，委托专业高管管理，并通过监督和基于绩效的奖励来控制他们。许多大型企业的首席执行官除了获得股票期权外，还会获得巨额加薪。"

济体新自由主义化的一个重要特征（Harvey，2005；Kotz，2015；
Steger and Roy，2021）。

在职业体系之外，另一个导致韩国收入集中于顶层的因素是税
收制度的变化，更具体地说，是富人税率的降低。在1970年代后期，
收入最高的0.1%的群体的最高法定边际税率高达70%，但在1990
年代初期降至50%，在2000年代又进一步降至35%（Kim and Kim，
2015）。在此期间，顶层收入群体的资本性收入的增长速度远远快于
工资性收入。因此，这两个因素的共同作用必然极大地推动顶层收
入群体财富的快速积累。

到目前为止，我们只考虑了收入不平等程度。相对而言，关于
财富不平等的数据很少。但由于学术界对顶层财富集中的兴趣日益
增加，最近已经能够获得关于家庭资产的可靠数据。顶层财富集中
的总体模式是韩国的财富不平等程度比收入不平等程度高得多，这
与大多数其他社会的研究结果一致。图2.6展示了基于遗产税信息的
财富分配数据，并比较了顶层收入群体的国民收入份额和国民财富
份额（Kim，2016；2018）。在2011~2013年，收入最高的1%的群
体拥有25.1%的国民财富，而收入最高的10%的群体拥有65.1%的
国民财富。在同一时期，收入最高的1%的群体拥有11.8%的国民收
入，而收入最高的10%的群体拥有42.5%的国民收入。我们可以看
到，财富不平等程度是收入不平等程度的1.5~2倍，并且向财富分

布阶梯的顶层发展，我们会发现财富不平等程度变得更加突出。这是因为富人群体与其他群体的区别更多地体现在他们拥有的财富上，而不仅仅是赚取的收入上。

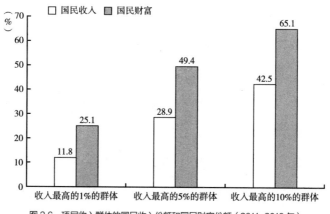

图2.6　顶层收入群体的国民收入份额和国民财富份额（2011~2013年）

数据来源：Kim（2016；2018）。

两极分化的形式

迄今为止，我们的研究证实了在新自由主义时代，韩国社会中出现了显著的两极分化的趋势。这种两极分化不是简单地将人口划分为富人和穷人或资本家和劳动者两个阶级的过程，因此，我们需要更加仔细地考察这一过程。基本上，我们看到的是两种形式的两极分化：一种是顶层收入群体与其他群体之间的差距不断扩大，收入向顶层高度集中而中等收入群体的收入下降；另一种是在劳动力市场中，正规工人和非正规工人之间以及大型企业员工和中小型企业员工之间的收入差距不断扩大。

在大多数发达工业社会，第一种形式的两极分化是一种常见的现象。2007~2009年的全球金融危机之后，发生在美国的"占领华尔街运动"使"收入最高的1%的群体和收入最低的99%的群体"的说法更为普遍，这个观点在许多其他社会也引起了共鸣。皮凯蒂（Piketty，2014）极具影响力的著作提供了所有发达资本主义经济体中收入两极分化的有力证据。Stiglitz（2011；2012）对美国收入的两极分化表现进行了深入分析，而 Milanovic（2016）也提供了关于全球不平等模式的丰富信息。上述数据证实，韩国并非特例。事实上，近几十年来，韩国经历的两极分化比其他工业社会更为激烈。因此，收入最高的1%的群体和收入最低的99%的群体的社会两极分化形象是当今韩国社会的真实写照。

但如果我们更仔细地观察收入分配模式就会发现，在过去20年里，收入份额大幅上升的不是收入最高的1%的群体，而是包括收入最高的1%的群体在内的更广泛的群体。图2.4的数据显示，与收入最低的90%的群体的收入停滞不前相比，收入最高的10%的群体的收入增长速度几乎与收入最高的1%的群体一样快。收入最高的10%的群体很可能由高级专业人员、管理人员和技术人员组成，他们的收入在韩国经济新自由主义转型期间迅速增长。他们是受雇于经济

领域领先部门的精英，从全球化经济体系中受益匪浅。收入最高的
10%的群体还包括在过去30年的房地产市场泡沫中通过房地产投资
积累财富、不用靠工资维生的富人。实际上，许多专业人员和管理
人员也通过房地产市场的投资变得富有。

因此，我们可认为韩国的经济两极分化涉及两个层次。在第一
个层次，我们考察了收入最高的1%的群体和收入最低的99%的群
体之间的分化；而在第二个层次，我们考察了收入最高的10%的群
体和收入最低的90%的群体之间的分化。这些不是孤立的现象。如
果说收入最高的1%的群体代表的是大资产阶级，那么收入最高的
10%的群体则包括为资产阶级服务的高级管理人员和专业人员。这
两个群体之间的财富差距非常大，但他们都在资本主义制度下，有
着共同的利益并且都从中受益。这两个群体都从韩国向发达经济体
和全球化经济的转型中获益巨大，成为新自由主义转型的真正赢家。

第二个层次的两极分化发生在更广大的工人阶级内部，沿着上
述劳动力市场分割的两条轴线，可以发现分化发生在正规工人和非
正规工人以及大型企业员工和中小型企业员工之间。据测算，这种
劳动力市场的两极分化对普通工人的影响要大于对收入最高的10%
的工人或收入最高的20%的工人的影响。劳动力市场分化的这两条
轴线跨越了行业、职业类别，使工人阶级和中产阶级内部发生了分
化，同时模糊了这两个阶级之间的界限。因此，与在大型企业集团

工作的正规蓝领工人相比，在非标准合同之下或在小型企业工作的白领工人的阶级状况更差。在新兴劳动力市场中，职业类别在确定一个人的阶级地位中不再那么重要；相反，由工作保障水平和与之相关的社会保障所确定的劳动力市场地位已成为决定阶级归属的关键。

如前所述，在快速工业化时期，韩国的工人阶级是相对同质的，没有基于就业类型或所在企业规模而发生明显分化。但如今已经发生了很大的变化。在许多大型企业，正规工人和非正规工人几乎构成了两个不同的工人阶级。同样，大型企业的蓝领工人和中小型企业的蓝领工人在收入与社会保障方面的市场地位都有着显著的差异，无论他们是正规工人还是非正规工人。所有中小型企业的工人都经受了低工资的困扰，但大型企业集团蓝领工人的工资自1990年代以来却大幅增长，特别是在他们加入了强势工会的情况下。这些特权工人常常被媒体和保守派政客定义为"劳工贵族"，从他们的经济和社会地位来看，他们现在属于中产阶级。因此，工人阶级失去了早期由威权发展型国家主导的快速工业化时期存在的内部阶级同质性。

中产阶级的衰落与内部分化

韩国中产阶级发生了更有趣、更复杂的变化。韩国的中产阶级在工业时代曾有过蓬勃发展，但自亚洲金融危机以来，这一阶级的人数却大幅减少。图 2.7 和图 2.8 中的数据显示了三个收入群体——收入高于中位数 150% 的群体、收入在中位数 50%~150% 之间的群体和收入低于中位数 50% 的群体[1]——的变化情况。图 2.7 显示，虽然顶层收入群体和低收入群体的规模扩大了，但中等收入群体（中产阶级）（50%~150%）的规模却缩小了。1996~2010 年，顶层收入群体占劳动力人口的比例从 27.3% 上升到 32.5%，低收入群体的比例也从 19.2% 上升到 22.1%。与之形成鲜明对比的是，中等收入群体（中产阶级）的比例从 53.4% 下降到 45.4%。因此，与大多数其他发达工业社会一样，韩国中产阶级的萎缩是一个严重的社会问题。

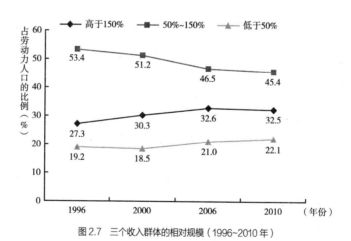

图 2.7 三个收入群体的相对规模（1996~2010 年）

注：根据各个群体的收入相对于全国收入中位数的状况来划分的不同收入群体。收入数据来自全国家庭调查和个人税务报告。

数据来源：改编自 Kim（2012：23）。

---

1 韩国政府将中产阶级（中产层）的官方衡量标准设定为收入中位数的 50%~150%。

图 2.8 展示了 1996~2010 年三个收入群体的收入在国民收入中所占的份额。数据表明，高收入群体的收入份额从 1996 年的 51.0％上升至 2010 年的 65.5％；而低收入群体的收入份额略有下降，从 1996 年的 5.1％降至 2010 年的 4.3％。相反，中等收入群体的收入份额从 1996 年的 43.9％降至 2010 年的 30.2％。显然，过去 15 年间收入分配的变化对收入最高的 1/3 的群体（更准确地说，是这个统计组的最顶层）最为有利，而对中等收入群体最不利。值得注意的是，在这一时期，新自由主义全球化对中等收入群体（而不是低收入群体）的负面影响最大。

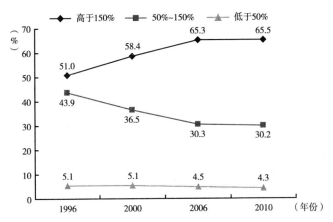

图 2.8　三个收入群体的收入在国民收入中所占的份额（1996~2010 年）

注：根据各个群体的收入相对于全国收入中位数的状况来划分不同的收入群体。收入数据来自全国家庭调查和个人税务报告。

数据来源：改编自 Kim（2012：23）。

但我们应该警惕的是，不要将这些数据解读为整个中产阶级都经历了经济衰退。中等收入群体的操作性定义是：收入为中位数的50%~150%的群体。这个定义由经合组织引入，并被广泛应用于包括韩国研究在内的许多国际研究。但这一定义的问题在于，它把许多通常被视为上层中产阶级的人归入高收入阶级。与其他发达经济体一样，在韩国，大部分收入超过收入中位数150%的人很可能是专业人员、管理人员或中小商业者。从社会学的角度来看，他们代表的是上层中产阶级而不是上层阶级。由于将许多高收入群体排除在中产阶级范畴之外，大多数中产阶级研究的统计方法错过了研究"中间地带"发生的重要变化的机会[1]。

正如我们所看到的，在过去20年中，收入最高的10%的群体的收入已经有了大幅增长。事实上，其他研究表明，在过去20年中，收入最高的20%的群体的收入份额也有所增加（Kim，2012；Kim and Kim，2015；Cheon，2016）。如何在上层中产阶级和其余中产阶级之间划定有意义的界限是一个棘手的问题。一些人认为，真正重要的阶级界限存在于收入最高的5%的群体中，能够将所谓的优才精英与普通中产阶级区分开。但在研究中更常见的是将收入最高的

1　本书开篇引用的经合组织研究团队最近的一项有关中产阶级的研究（OECD，2019）对中等收入范畴进行了调整，将中等收入群体定义为收入在75%~200%之间的群体。该研究将中等收入细分为三个组别：较低中等收入（收入中位数的75%~100%）、中等收入（收入中位数的100%~150%），以及较高中等收入（中位数的150%~200%）。

10% 的群体与收入最低的 90% 的群体区分开来。收入最高的 1%~10% 的群体最有可能属于社会学范畴的上层中产阶级。

简而言之，在新自由主义时代，虽然大多数中产阶级确实在衰落和萎缩，但并非所有成员都因最近的经济变化而遭受损失。相反，其中少数中产阶级成员（包括高收入的专业人员、管理人员以及一些小商业者）实际上从扭曲的收入分配中受益，并成为新兴富裕中产阶级。其结果是：这个新兴富裕中产阶级和普通中产阶级出现了内部分化。而且，在决定个人的生活机会和生活方式方面，这种分化正变得比传统的工人阶级和中产阶级之间的界限更为重要。

第3章　消费和阶级区隔

在所有现代社会中，消费都在决定社会地位方面发挥着至关重要的作用。韩国中产层（中产阶级）的概念主要是根据消费状况来定义的。维持一定的、体面的消费水平一直被认为是韩国中产阶级地位的基本要求（Lett，1998；Yang，1999；Hart，2001）。但在韩国经济发展的早期，消费在阶级区隔中所起的作用相对较小。当然，主要原因是当时韩国人的生活水平较低，国内市场不发达。但同样重要的原因是朴正熙政府对消费品进口的严格管制以及政治领导层对富人炫耀性消费的强烈反感（Nelson，2000）。然而，随着1980年代韩国经济的自由化，消费世界开始发生明显变化。除了持续的经济增长外，1987年的民主化和1988年汉城奥运会的举办也促进了韩国自由的社会氛围的形成和消费主义的兴起。随后，1997~1999年亚洲金融危机迫使韩国广泛开放市场并接受日益增加的进口和外国直接投资。亚洲金融危机的冲击不仅使政府取消了对进口的管制，而且通过将新自由主义确立为一种主导意识形态，使公众放弃了对富人奢侈消费的抵制。当然，这种变化并非一夜之间发生的，但公众慢慢开始接受这样一个事实：富人有权随心所欲地花钱。曾经竭力反对过度消费

（kwasobi）的政府开始告诉人们：为了保持韩国经济出口增长的势头，韩国人就必须通过消费更多来自贸易伙伴国家的进口产品来作为回报。

对奢侈品（名品）的狂热

自 1990 年代以来，韩国消费市场最显著的变化是奢侈品消费的兴起。最能体现这一趋势的一个新词是"名品"，它指的是享有声望或卓越的商品。该术语由市场营销行业引入，自 1990 年代中期以来已成为韩国流行词语的一部分。与普通商品相比，名品让人联想到品质卓越的精美艺术品和工艺品。但实际上，这个词主要指的是从欧洲进口的奢侈品。名品标签被贴在所有昂贵的奢侈品上，包括配件、手提包、服装、珠宝、香水、化妆品和其他个人用品，所有这些商品都带有路易威登（Louis Vuitton）、古驰（Gucci）、香奈儿（Chanel）、普拉达（Prada）和爱马仕（Hermes）等知名品牌的标志。这些商品大多为女性用品，但也有一些是男性最喜欢的名品，比如豪华手表、欧洲汽车和昂贵的高尔夫球用具。

1990 年代，名品市场发展迅速。20 世纪末，首尔的时尚百货商店开始开设名品专柜，甚至开设奢侈品牌专卖店。第一家名品百货公司 Galeria（现代集团所有）在江南富裕的狎鸥亭洞开业。之后，三星集团和乐天集团等其他企业集团也开设了名品百货商店。自那时起，这些奢侈品店就一直蓬勃发展，丝毫不受市场行情波动的影响。

名品市场的主要目标是新兴富裕群体。市场营销行业巧妙地将名品消费者的形象塑造成有能力欣赏并拥有高品质商品的阶级：他们能够辨别优劣，有权获得一定程度的认可和尊重。因此，名品为那些富裕起来并希望将自己与普通中产阶级区别开来的人提供了一种身份标识。通过与全球资产阶级文化形象相联系的专属消费，韩国中产阶级中的富裕群体试图确立新的阶级身份。

虽然奢侈品消费始于新兴富裕群体，但很快就蔓延到更大范围的中产阶级，尤其是那些二三十岁的中产阶级人士。因为买不起真正的名品，他们中的许多人转而购买假冒的名品。根据假冒产品模仿正品的程度对假冒产品进行内部分级。韩国因生产高档假冒名牌产品而闻名，其中最受欢迎的名品是路易威登手提包，无论是正品还是假货。据说，首尔约有一半的女性拥有一个这样的包。由于仿冒的名品手提包和鞋子泛滥成灾，一场以辨别真假为重点的新的地位竞争开始了。名品成为约会对象之间的特殊礼物，并且几乎成为中产阶级家庭间结婚礼物交换中的必备品。

当然，奢侈品消费的趋势不仅仅限于韩国。Chadha 和 Husband（2006）指出，亚洲对名牌产品的狂热首先出现在日本，然后蔓延至"亚洲四小龙"。亚洲消费了全球一半以上的名牌产品，新兴富裕群体成为全球奢侈品行业的主要目标。在《名牌至上》（*The Cult of the*

Luxury Brand）中，Chadha 和 Husband（2006：1）指出，"对奢侈品牌的狂热……正在席卷亚洲，这种现象如此广泛，以至于亚洲现在已经成为西方奢侈品牌在全球的最大市场"。他们估计亚洲奢侈品市场占全球 800 亿美元市场的 37%，但如果把亚洲游客的海外购物也计算在内，这一数字实际上要更大。奢侈品消费增长的主要原因似乎在所有发展中经济体都差不多。这些经济体在短短几十年内经历了巨大的经济和社会转型，促使人们从基于出身和传统等级制的地位制度转向由个人财富和生活方式决定地位的新制度；这种地位的最佳体现方式就是消费（Chua，2000）。新兴富裕群体尤其希望通过消费奢侈品和借鉴发达经济体中产阶级文化的时尚生活方式确立高于普通中产阶级的新阶级身份。正如 Chadha 和 Husband（2006：2-3）指出的，"在今天的亚洲，你的装束决定了你是谁。那些古驰包和菲拉格慕（Ferragamo）鞋子不仅仅是女孩子的放纵——阿玛尼（Armani）西服和劳力士（Rolex）手表也不仅仅是男士的虚荣心在作祟——它们是新的社会契约的一部分，你的身份和自我价值取决于你身上可见的品牌：奢侈品牌是一套现代符号，人们通过穿戴它们来重新定义自己的身份和社会地位"。

但要充分理解当今亚洲的奢侈品热潮，我们不仅要研究这种消费模式的需求侧，即亚洲的新兴富裕群体对地位的渴望，还要研究这一消费市场的供给侧，即奢侈品在全球化时代的生产和营销方式。

直到 20 世纪初，欧洲的奢侈品才真正代表最精湛的技艺，由工匠个人制作的产品数量很少，并且专门为上层阶级的特定群体服务。但在 20 世纪最后几十年间，这种情况发生了改变。《奢侈的：奢侈品何以失去光泽》（*Deluxe：How Luxury Lost Its Luster*）一书的作者 Dana Thomas（2008）认为，当聪明的企业家 Bernard Arnault 提出利用名牌的神秘感进行大规模营销的想法时，这种变化就开始了。阿尔诺（Arnault）开始收购迪奥（Dior）和路易威登等品牌，将它们打造成大型企业集团。他的主要策略是将奢侈品牌的标识贴在大众产品上（Chadha 和 Husband 称之为"标识化"），并采用媒体导向的广告技术。Chadha 和 Husband（2006：20）认为，"包包的标识化是奢侈品牌在亚洲传播的最重要的因素"。

传统的再现

在阶级区隔的新阶段出现的一个有趣的变化是，富人开始转向韩国的传统文化产品，并将其作为确认和显示其地位的另一种手段。富人开始收购旧上层阶级的财产，如古董家具、绘画作品、书法作品、陶器、瓷器和传统服装。旧的两班（*yangban*）（贵族）文化被新兴富裕群体视为财富来源，通过将他们与其他人区分开来提高自身的地位。这一趋势反过来鼓励韩国工匠为他们富有的客户制作独一无二的产品。因此，工匠制作的陶器、家具和艺术品的价格大幅上涨；一些韩国工匠制作的手提包的售价与进口奢侈品牌商品的价格相当。此外，韩国传统住宅的材料和设计（如黄泥房和热炕房）也重新流行起来，原本在韩国住房市场上几乎消失的传统韩式房屋也成为时尚品。

随着传统两班艺术与手工艺的复兴，传统的家族仪式也随之复兴。例如，许多新兴富裕家庭在祖坟的景观美化上投入了大量资金。这是一种孝道行为，在儒家哲学中是最重要的美德，同时也是一种微妙地提升家族地位的策略，以显示家族的尊贵。在家族拥有的乡间山坡上修建景观优美的大型墓地，可以有力地彰显自己的两班血统。

另一个例子是传统婚礼仪式的复兴。在大多数社会中，婚礼为地位竞争提供了绝佳的舞台。随着韩国成为现代化社会，许多人放弃了传统婚礼转而选择西式婚礼，这种婚礼主要在商业婚礼大厅举行（Kendall，1996）。然而，最近越来越多的新人和他们的家庭除了选择常规的婚宴场所举办婚礼外，还选择举行传统的儒家婚礼。这种做法过去只出现在艺术界的时尚达人中，但现在已成为越来越多富裕家庭的做法。与过去不同，现在举办传统婚礼是一项非常昂贵的活动。通常情况下，婚礼涉及用于交换的奢侈礼物、举办婚庆仪式的特殊设施、宴请宾客的高雅宴会、制作精良的专业摄影作品等。

这样的婚礼无论在经济上还是在情感上都是一次昂贵的风险投资。正是出于这一原因，举办传统婚礼成为一个家庭显示其优越的经济地位及其隐含的两班血统的一种手段。

健康生活文化

随着韩国经济进入更加成熟的发展阶段，出现了另一种明显的消费模式，即人们（尤其是相对富裕的人群）越来越痴迷于健康和外貌，并愿意花钱、花时间去实现这些目标。2000年代初出现的一个新的营销标签是"健康生活"（welbing），它在媒体和广告中被广泛使用。当然，"健康生活"意味着拥有更健康、更有益于健康的生活质量。"健康生活"在韩国逐渐普及开来。健康生活主要指通过食用有机食品、饮用纯净水、在家中使用所谓的健康材料、参加健身俱乐部、练习瑜伽、在乡村农场度过家庭周末等方式来保持良好的生活状态。2003年前后，一系列危机（包括"非典"疫情、几波大规模沙尘暴以及媒体披露的令人震惊的受污染食品的销售情况）引发了韩国人对健康的严重担忧，健康的商业文化迅速兴起。突然之间，韩国人尤其是韩国富人愿意花大价钱来确保家人健康。

2000年代初，迅速蔓延的健康生活文化将传统的健康和保健理念商品化了。理想化的传统乡村生活被重新包装并推向商业市场。

例如，贫困农民的日常食物，如大麦饭、荞麦面、烤土豆和嫩萝卜泡菜，现在被包装成健康美食在首尔的时尚餐厅供应。人们越来越认识到，健康生活是通过食用"健康食品"和使用各种有助于健康的产品来实现的，诸如健康生活电饭煲和榨汁机、现代空气净化器、加湿器和运动器械。这些产品过去都是从美国、日本和欧洲进口的。现在，这些产品由韩国制造商生产，但健康生活文化仍与西式中产阶级生活密切相关，这一点在瑜伽广告和房地产广告中都有所体现：瑜伽广告的主角是一位迷人的西方女演员；而房地产广告的主角则是一个幸福的中产阶级家庭，他们正在乡村风格的别墅享受户外烧烤的乐趣。

这些产品不仅仅是为了展示。全球资本正在调动尖端科技生产高附加值产品，承诺让人们过上更舒适、更健康、更奢华的生活。除了炫耀性消费和浮夸的生活方式之外，今天的富人们还可以购买真正能提升生活品质的产品，包括新药物、保健食品、更安全的汽车、空气净化器等，这些被认为可以保护他们免受风险社会的威胁。因此，金钱不仅可以改变生活方式，还能实际提高生活质量。

就像奢侈品市场的复兴带动人们重新关注体现韩国传统文化的手工艺品和习俗一样，健康生活热潮也让韩国人重新对传统食物和养生方法产生了浓厚的兴趣。这在一定程度上是因为人们意识到韩国人过去在贫困时期食用的许多食物实际上非常有益于健康。在首尔时尚餐厅的菜单上，除了简单的农家菜外，各种韩国传统酒和许多其他被遗忘的保健食品也重新焕发生机。传统的饮茶方式也重新出现在上流社会。

在这种传统养生方法的复兴中，我们也看到了与西方文化影响下韩国传统婚礼和丧葬仪式复兴相同的民族主义反应（Kendall，1996）。然而，韩国人对国产或本土产品的偏好在食品领域尤为明显，这在很大程度上是由于从美国和澳大利亚等国进口的廉价农产品与肉类产品的涌入。在1990年代贸易自由化之后，农产品进口量大幅增加，但韩国人很快意识到国内生产的产品口感更好，质量更可靠（这当然是由于进口商出于市场原因引入了低质量、更便宜的产品）。因此，有经济能力的人更愿意选择食用国内生产的产品，尽管价格更高。有声望的餐厅被期望只使用国内生产的肉类。在餐厅和超市里，"韩国生产"的标签具有很高的价值。这种文化反应所表达的主导理念是"我们的是最好的"。1990年代出现的一句流行口号是"身土不二（身体和土壤不可分离）"（sinto buri），意味着在自己土地上生长的东西最健康、最有营养。

这种对国内产品优越性的新认识鼓励许多韩国农民开始为高收入顾客生产高质量的有机产品。这些优质产品与普通产品之间的价格差距很大，而且还在不断扩大。渔业市场也呈现相同的趋势。由于许多受欢迎的食用鱼的供应量大幅下降，一些鱼，如刀鱼和鲈鱼，因价格过高已经超出普通人的消费能力。这些高端的农业和渔业产品有时被标记为名品（甚至是"贵族"产品），它们通常通过针对富人的个性化营销渠道进行销售。今天，大多数高档百货公司都设有专门的高档食品角，展示有机蔬菜、优质鱼肉以及各种西式食品，如橄榄油、奶酪和腌肉。同时，还醒目地展示由声称是韩国烹饪界某些著名家族传人的工匠制作的特级酱油、大酱和辣椒酱等产品。

富人的健康消费市场得益于韩国高效的送货系统。在今天的韩国，几乎任何东西都可以通过摩托车快速送货。在交通拥堵的城市，这些摩托车可以快速穿行。富人可以坐在家里，享受各种用特制的大米、大豆制品、水果、时令鱼或传统草药制成的食物。这些食物被直接送到家门口。他们还可以定制这些东西。许多富裕的家庭与农村的蔬菜生产商和渔业公司直接联系，请他们将自己喜爱的食物直接送到家中。韩国农业和渔业转向有更高附加值的产品意味着富人的生活方式更加优越，而穷人相对更加困苦。近年来，预制食品的配送业务也变得多样化，有了更多的高端选择。过去，送货上门的是相对便宜的大众食品，如中式面条、炸酱面（jjajangmyon）和比萨，但现在一些公司专门提供由一流厨师制作并包装精美的顶级即食食品。2020 年，该领域的领军公司是 Market Kurly，该公司在晚上 11 点前接收订单，并在次日早上 7 点前将食物送到客户家门口。

当然，除了食品外，所有类别的消费品，如衣服、工具、玩具、DIY材料等，也被以超高效的方式送达。因此，在许多方面，韩国健康生活文化的兴起扩大了有钱人和穷人之间的阶级差异。我们还可以发现，在更大的中产阶级内部，富裕群体与其他中产阶级之间的差异正在扩大。在生活方式和人生机遇方面，中产阶级中的富裕特权群体正慢慢地与普通中产阶级分离。

值得注意的是，韩国健康生活文化的流行是以营利为目的驱动的，在本质上是个体主义的、逃避现实的。它致力于追求个人和家庭更好的生活质量，而很少关注整个社区或这类生活方式对环境的影响。而在西方，对健康和健康生活的关注通常伴随着环境和可持续发展运动［例如，意大利的慢食运动（Slow Food）、英国的放慢生活运动（Downshift）以及美国的乐活族（LOHAS）或健康可持续生活方式运动］，但在韩国富裕消费者中很难发现类似的环保意识。在韩国相应的发展阶段，新富人更关心确保其阶级特权和地位区隔而不是社区福祉或公共健康生活。

超越名品

进入 21 世纪，我们看到了韩国奢侈品消费市场的许多变化。如今，名品比比皆是，而且很容易获得，甚至可以在线销售和通过邮购系统出售。但奢侈品只有在保持独特性时才能维持其价值。当只有少数人能够拥有路易威登包时，它可以作为持有者地位的象征；但当假货泛滥，并且可以在附近超市的杂货购物者手中看到时，它作为地位象征的独特价值必然会丧失。显然，21世纪初的韩国已经实现了其他发达经济体在此之前经历的"奢侈品的民主化"（Currid-Halkett，2017）。

因此，在21世纪，富人中出现了一种新趋势，那就是超越对传统名品的迷恋。其中一种方式就是选择由品牌生产商生产的更昂贵、更独特的东西。奢侈品行业不断对产品进行升级和细分以满足各类顾客的需求。较富裕的顾客看不起那些带有明显标志的普通名牌商品，而更喜欢那些以更微妙和更隐蔽的方式展现其顶级品质的奢侈品。但是，他们更喜欢购买那些普通中产阶级难以接触到的稀有的东西。富人中的那些更年轻和在全球流动的群体，更热衷于在欧洲或其他大洲某些地区文化人中流行的东西。对那些东西，普通中产阶级并不了解，也没有鉴赏力，但那些东西在富裕的朋友和熟人内部圈子的地位竞争中却具有特殊价值。发现并拥有这些东西不仅需要金钱，而且需要信息、频繁的海外旅行和辨别东西品质的能力。因此，今天我们在韩国观察到的情况，类似于美国和欧洲富人消费模式的变化。正如Currid-Halkett（2017）观察到的，新兴精英群体正在减少对传统显性奢侈品的消费，转而寻求更微妙的身份标识，包括不那么显眼但更独特的商品以及需要花费更多金钱的某些生活方式元素。

　　导致这种变化发生的部分原因是新富二代的出现。年青一代在全球化教育和全球流动方面比他们的父母更有优势，因此在消费和休闲活动上拥有更具国际化的品位。他们中的许多人了解并能接触到纽约、巴黎、伦敦和米兰的时尚。这些知识，加上对不同文化的亲身体验，以及辨别和享受外国美食、音乐与艺术的能力，已成为新的地位的象征。换句话说，一定程度的国际化已成为上层中产阶级文化的重要组成部分。

　　"世界主义"（Cosmopolitanism）最初是一个伦理和哲学概念，指的是"对多元文化体验持开放态度的智识和审美立场"（Hannerz，1990：239），或者是对如下理念的哲学承诺："作为人类大家庭的成员，所有人在本质上是平等和自由的，无论他们来自何方，都应该获得平等的政治待遇。"（Guibernau，2008：148）但"世界主义"也有一个更普通的含义。在通常的理解中，"世界主义者"通常指那些经常旅行、熟悉并对其他文化持开放态度的人。近几十年来，随着韩国经济迅速走向全球化，"世界主义"在韩国社会中的文化价值也日益凸显。虽然"世界主义"确实将文化多样性和向"他者"开放作为一种重要的道德和政治价值取向，但在实际生活中，它更强调概念所隐含的文化能力，如外语能力（尤其是英语能力），从多次海外旅行或留学中获得的文化品位和知识，以及在外国或与外国人打交道时感到自在的能力。因此，与其说"世界主义"是一种向"他者"开放的伦理原则，不如说它是一种生活方式，使上层中产阶级日益区别于普通中产阶级。在韩国的精英圈中，越来越需要有一种"世界主义"的气质才能被接纳。这在江南富裕的地区，如清潭洞、狎鸥亭洞和三成洞尤为明显。事实上，尽管江南富人引领了名品现象，但他们现在正试图将其留给大众追随者，而他们自己则寻求一种更精致、更国际化的生活方式，作为他们与普通中产阶级之间阶级区隔的关键标志。

作为地位象征的身体

另一个重要的文化趋势是韩国人对外貌的痴迷。奢侈和高地位的理念越来越多地延伸到健康和外貌方面。如果早期的奢侈品消费主要满足于拥有和展示奢侈品，那么新的趋势则强调对时尚商品的身体消费以及对消费结果的身体表达。上层中产阶级不仅必须通过拥有奢侈品，还必须通过精心修饰的身体，以不同寻常和有效的方式消费奢侈品来展示他们较高的地位。正如 Liechty（2003：143）所言："时尚不仅仅关乎你拥有什么，同时还关乎你如何使用它，如何展示它。"

当然，外貌在任何社会中都很重要，韩国在这方面可能也不例外。然而，韩国人格外重视把外貌作为自尊和社会地位的衡量标准，并且个体为了保持良好的外表所付出的努力也是非同寻常的。如《朝鲜日报》（*Chosun Daily*）所述，"韩国各个年龄段的人都痴迷于他们的外貌，他们几乎不惜任何代价，从严苛的健身计划到整形手术，以确保他们具有吸引力。在他们痴迷于外貌的背后是一种集体意识，认为外貌决定了在生活中的成败。这种现象可能会导致人们失去自尊心，将自己完全视为客体"（Chosun Ilbo，2005）。

那么，韩国人为何如此痴迷于外貌呢？一个简单的答案是：确实有许多韩国人相信外貌将影响他们在就业市场、约会和婚姻选择中的成败。虽然在所有现代社会中，外貌在这些领域都很重要，但如今的韩国人似乎更强烈地相信外貌决定了他们的人生轨迹，因此愿意在外貌上投入大量金钱和努力。这在一定程度上与韩国的企业文化有关：直到最近，女性员工在很大程度上仍被视为次要劳动力，几乎像是办公室里的花，强调将她们的外貌和亲和的举止作为招聘的主要标准。但这种文化解释是不充分的。我们必须意识到，韩国人对外貌的痴迷是近期出现的现象，在韩国成为一个高度发达的消费社会的过程中逐渐强化。因此，我们需要考虑与韩国近几十年来消费产业的发展有关的因素。

韩国以其高度发达的整形手术产业和大量接受整形手术的年轻人而闻名。一些报道估计，韩国 20 多岁的女性中有一半接受过某种形式的整形手术（Chadha and Husband，2006：262）。因此，外国媒体经常暗示几乎所有的韩国女演员、男演员和韩国流行音乐艺人之所以长得好看，主要是因为接受了某种复杂的整形手术。尽管这种声誉并不令人愉快，但这种声誉帮助韩国的美容产业每年吸引成千上万名来自中国、日本和东南亚国家的游客，他们的主要目标是在韩国接受整形手术。据说，其中许多游客携带着他们最喜欢的韩国流行音乐明星的照片，希望能够变得相似。

除整形手术外，韩国的美容产业也在护肤和身体保养方面提供卓越的服务。虽然 20 多岁的人更有可能寻求某种形式的整形手术，但中年女性更关注减缓皮肤和体型受到衰老影响的美容服务。接受这些服务所花费的大量金钱和时间可从整形手术与护肤诊所在韩国城市中无处不在的事实得到证明，尤其是在江南地区。而且，地区越富裕，其美容诊所就越豪华且数量众多。过度发展的美容产业让韩国消费者置身于大量广告中，包括在整形手术、护肤、体重控制、特殊饮食、植发等方面遭受广告的猛烈轰炸。作为全球互联网使用率最高的国家之一，韩国人花大量时间上网、使用智能手机和看电视，所有这些媒介无时无刻不在播放着广告，刺激着人们对美容产品和服务的欲望。随着韩国强大的美容产业的发展，一种新的关于形体美的文化理念也随之产生。这一理念是：一个人的外貌不是在出生时确定的，而是通过个人的努力和现代技术的帮助来塑造与重塑的。这种身体和脸具有可塑性的观念将拥有好看或难看外表的责任推到个体身上，并鼓励他们寻求手术帮助来获得好的外貌。

另一个影响韩国人过度关注外貌的因素是韩国成功地在国外推广韩剧和流行舞曲，即所谓的韩流（*hallyu*）。韩流在国外取得成功的主要原因之一是它展现了亚洲环境中时尚、现代、富裕的生活以及众多帅气的表演者。这些作品巧妙地呈现一种不同于美国好莱坞风格的亚洲风格的现代性。制片人意识到这种风格对外国观众的吸引力，试图最大限度地放大这种效果：对演员精挑细选，并在其出道之前对其进行多年的精心培训（Hong，2014）。显然，这一策略对于韩流的成功起到了很好的作用。随着韩流明星的形象充斥在电视和互联网屏幕上，他们偏向西方审美的面孔和身材已成为人们效仿的样板。许多年轻人，无论是韩国人还是非韩国人，都希望自己的脸尽可能地像韩流偶像明星的脸。因此，韩国渴望向外界展示自己是一个拥有酷炫文化和大量时尚俊男靓女的国家，这有助于引导韩国人过度关注自己的外貌，以成为这个虚构社会的正式成员。

在强调了韩国人过度关注外貌和时尚生活的一些独特之处后，我们需要从比较的视角来看待韩国。实际上，我们今天在韩国观察到的情况反映了在西方（尤其是在美国）日渐成为主导性的一种趋势。当然，欧洲和美国的健康文化的出现要比韩国早得多。在西方，它是作为过度物质主义和消费主义文化的替代品出现的，倡导"缓慢"的非物质主义和可持续的生活方式。然而，这些运动的思想和语言很快被商业所用，并被用于推广各种产品，包括昂贵的有机蔬菜、各种健康食品和其他针对富裕消费者的增进健康的产品。美国和欧洲的健康文化爱好者非常注重运动、健康和身体保养。吃健康食物、严格锻炼和保持身材是这种生活方式的显著特征，而这对富裕群体来说最容易接受。近年来，这一趋势日益加剧。正如一位时尚杂志评论人所写的："在现代世界，健康当然不便宜。从每月 180 美元的健身会员费到 10 美元的冷榨果汁，从 500 美元的私人教练到每周 30 美元的课程，自然、有机和健康产品与服务的价格每年都在增加。大多数人认为这样的支出荒谬可笑，但许多高净值人士却认为这是他们奢华生活方式必不可少的一部分。"（Oro Gold Cosmetics，2015）

在 2007~2009 年全球金融危机后，美国消费趋势分析师似乎都认为健康市场发生了一场重要变革。购买奢侈品的人变得更加不愿购买那些明显炫耀财富的商品，而是开始更多地将钱花在锻炼、运动、旅行和奢华体验上。正如一位飞车爱好者在《时尚》（*Vogue*）杂志的采访中评论的："如果你吹嘘你的车或你赚多少钱，那你是个白痴，但吹嘘你骑的飞车有多快是正常的，尽管仍然很烦人。"（转引自 Phelan，2015）重要的不一定是一个人在做什么样的锻炼，而是在哪里锻炼以及使用什么样的装备。正如一位生活方式网站的编辑总监所形容的："你穿什么去上瑜伽课和你带什么样的瑜伽垫已经变得与你上的课一样重要。"（转引自Stelio，2015）在21世纪的健康热潮中，我们可以看到的更强大的趋势是将身体作为一种主要的阶级区隔的对象或手段。一位市场营销专家表示："人们把自己当作产品来投资。除了拥有闪亮的装备外，他们还希望拥有与之相匹配的亮眼的身材。"（转引自Stelio，2015）

　　美国、澳大利亚等地营销专家的这些敏锐的观察使我们看到，韩国消费模式中正在发生的或多或少是对西方趋势的复制。韩国人对外貌的痴迷似乎并没有什么独特之处；他们只是在追随发达工业社会中普遍存在的趋势。但有趣的不同之处在于，美国中产阶级进行锻炼是为了保持身体健康，而韩国的中产阶级更多地投资于保持年轻的面容和皮肤。尽管在昂贵的健康俱乐部，特别是豪华的健康俱乐部，锻炼和会员资格确实是富裕的韩国人重要的身份象征，但迄今为止，在韩国，主导的趋势是选择一种更简单、更被动的方法，即通过美容服务而不是费力的锻炼来获得期望的外貌。这种差异可能是文化因素导致的，例如，韩国强调面部美容胜过身体健康，但更重要的原因可能是韩国美容产业的过度发展，它使人们可以轻松获得高质量的美容服务，并提供了更容易维持外表的方式。因此，在韩国，金钱似乎在决定一个人的外貌方面起到了更为重要的作用，而这只是因为美容服务在这里比在美国和欧洲更容易获得，而且质量更高、价格更低。

改变参照群体

Robert Frank（2007：5）认为，"增长的不平等伤害了中产阶级"。这种伤害是通过中产阶级被迫增加支出以跟上富人不断提高的消费标准完成的。"随着顶层收入群体的收入持续增长，而其他群体的收入却停滞不前，我们将看到更多的国民收入被用于购买奢侈品，其主要影响将是提高奢侈品的标准"（Frank，2007：102）。

在任何社会中，引导消费模式的通常是富人或经济实力接近富人的人。他们通常进行炫耀性消费以区别于其他人。这并不是一个新现象，而是相当古老且历史悠久的现象，恰如凡勃伦（Veblen，1967）在其书中对此所做的精辟论述。今天的新现象是人们的参照群体发生了变化。在过去，人们的主要参照群体是邻居，他们在经济地位上可能与自己相似，或者稍微富裕或贫穷一些。因此，"向邻居看齐"并不需要花太多的钱。但在当今世界，人们的参照群体已经明显上移。正如 Juliet Schor（1998：4）所描述的："我们进行比较的对象不再局限于我们自己所在的收入类别的群体，甚至也不再局限于那些比我们高一级的人。如今，一个人更有可能与收入是自己三倍、四倍或五倍的人进行比较，或选择他们作为'参照群体'。结果是，数百万人成为全国高端消费文化的参与者。我称之为新消费主义。"

这种新消费主义，或者更准确地说是竞争性的高端消费，我们在韩国也能观察到。1990 年代以来，随着韩国经济的自由化和全球化以及收入和财富在顶层的日益集中，这种情况就出现了。但韩国高端消费的一个独有的特征是：它的发展与江南作为一个上层中产阶级商业地区的发展密切相关。富裕群体的集中和相对同质化的高端生活方式，为广大中产阶级提供了一个看得见的参照群体，一个看起来成功、有权势、享受美好生活的参照群体。如果说过去韩国中产阶级是从遥远的美国中产阶级参照群体那里了解文化标准的话，那么现在他们是从江南的富人和成功人士那里学来的。

第4章　阶级形成　江南风格

朴载相（Psy）的超级热门舞曲《江南 Style》给首尔的一个新开发地区带来了名人效应。江南的意思是"江的南岸"，指的是首尔大都市区的南半部。江南是一个新近建成的、超现代化的、世界级的城市，在短短 30 年间，它从原本有着大片稻田的地区崛起。作为国家主导的压缩式城市发展的产物，江南没有可识别的地标，没有名人雕像，没有传统文化遗址，没有超过 50 年历史的建筑，简而言之，江南没有历史记忆。相反，这里有世界级的百货公司、高档餐厅和咖啡馆、时尚精品店、酷炫的爵士酒吧、一流的医院、大量的整形手术中心和皮肤护理诊所，以及许多豪华的高层公寓，这使整个地区看起来像一大片公寓森林。

世界上每个国家都有可以被认定为富裕中产阶级或上层中产阶级的地区，但很少有一个国家能使经济和社会地位相同的中产阶级居民大规模地聚集在一个毗邻的空间里。虽然江南并非每个地区都很富裕，但从居民的经济地位来看，江南的三个核心区（江南区、瑞草和松坡区）的居民绝对属于中产阶级或上层中产阶级。2010 年，这三个核心区的常住人口为 160 万人，占首尔大都市区总人口的 15%，占全国人口的 3%。

在流行的讨论中，江南风格主要是被作为一种生活方式——时尚、有趣、奢华，有点享乐主义——来讨论的。但江南代表的不仅仅是一种生活方式或流行文化，它同时还代表了威权主义国家通过大量的城市项目制造新兴富裕特权阶级的一种特殊方式，以及这一新兴富裕特权阶级发展其独特的阶级文化的方式。我在本章中将重点讨论阶级形成的江南风格及其对塑造韩国中产阶级文化的影响。

江南的开发

开发汉江以南大片地区的想法最早出现于 1960 年代，主要是为了解决首尔过度拥挤的问题。到 1960 年代后期，农村人口的大规模迁移已经使首尔无力吸纳更多的人口：基础设施不足，住房紧缺，城市主干道拥挤不堪。虽然 1960 年代出现了一些向南扩展的建议，但江南地区的开发在 1970 年代初才真正开始。那时，一些重要的基础设施已经完成或正在建设中，其中包括首尔至釜山横贯全国的高速公路系统和第三汉江大桥（the Third Han River Bridge），之后又有更多的桥梁和隧道将汉江南北两岸连接起来。其次是出于军事考虑（Ji，2017）。

朴正熙政府决定重新调整首尔的人口后，便以典型的军事式、独裁式风格开始了新城建设（Gelézeau，2007）[1]。政府以极低的价格从私人业主那里征用土地。在开发之前，江南主要分布的是水稻田、低价值的兰花园和分散的贫困农户的村庄。这些土地几乎没有商业价值，居民也无权反对政府的城市开发计划。因此，政府完全自由地拟定了开发计划。没有任何证据表明，规划者认真考虑过美学、生态影响或与国内其他地区的社会平衡。相反，他们主要关注的是如何以最快、最有效的方式建造一座新的大型现代化城市：这座城市将充分扩建首尔的住房和商业设施，并为韩国经济奇迹般的发展（即所谓的"汉江奇迹"）提供一个恰当的形象。

除了大量投资于该地区的基础设施外，政府还采取了几项政策措施以促使居民和企业搬到新建成的地区。首先，政府将几个主要政府机构从江北（汉江以北地区）迁至江南，包括最高法院、最高检察院、贸易旅游局以及韩国关税厅。政府还为私人开发商提供各种税收激励措施。当这些措施未能激发足够多的企业搬迁到江南时，政府实施了一系列江北压制政策（Gangbuk Suppression Policies），禁止在江北开设以下几类新的商业机构，包括娱乐场所、批发公司、工厂和百货公司。

---

1 例如，一项重大住房工程被像军事行动一样命名为"住房建设 180 天行动"（The 180-Day Operation of Housing Construction）。

　　然而，朴正熙政府为鼓励中产阶级居民搬到江南而采取的可能最有效的措施是让几所老牌精英高中从江北搬到江南。这一时期朴正熙政府实施了严苛的高中平准化政策（High School Equalization Policy），试图解决精英高中入学竞争过度激烈的问题。由于这一激进政策的实施，以前的精英高中失去了声望和竞争优势。但通过搬迁到江南富人区，这些学校获得了重振声望的机会，同时提高了该地区的房地产价值。实际上，在 1970 年代，江南仍然是一个基础设施不足、交通不便的欠发达地区，大多数中产阶级家庭不愿意搬到这个有不确定性的地方。只有那些在经济上敏锐、机智，并比其他人更早地读懂了房地产市场发展趋势的人才愿意搬到那里。但随着精英高中搬迁到江南，中产阶级对这个新城区的看法发生了明显变化。江南不仅在投机性房地产投资方面，而且在子女教育方面都是一片充满机遇的土地。这两个强大的激励因素共同作用，加速了 1980 年代江南人口的增长。

　　江南作为居住区的一个最显著的特点是它主要由公寓组成，独栋住宅很少，公寓楼遍布四面八方。在 1980 年代初，公寓在江南所有住宅中占 76%。今天韩国的许多城市也是如此，因为它们试图复制江南模式。公寓在韩国如此多且如此受欢迎，以至于法国城市地理学家 Gelézeau（2007）恰如其分地将这个国家称为"公寓共和国"。从江南开发之初起，政策制定者就更喜欢大量的公寓而不是独栋住

宅，因为兴建公寓是向许多消费者提供新住房的最快捷、最具成本
效益的方式。然而，公寓受欢迎的另一个重要原因是，它们对中产
阶级，尤其是对中产阶级家庭主妇有吸引力。住在一个配备了现代
化厨房、浴室和客厅的公寓中意味着过上了舒适的中产阶级生活。

投机性房地产投资

在由国家管理的江南开发项目的实施过程中，土地转型和住房
建设的惊人速度引发了一系列意料之外的问题。其中最严重的问题
与房地产市场有关。该地区的土地价格飙升，但涨幅不均且不稳定。
那些在财务上敏锐且有政治背景的人能够预见即将发生的事情；这
些人在江南最有利可图的地区购买了土地，并获得了巨额利润。因
此，江南成为投机性投资活动猖獗的地方。尽管之前的一些土地所
有者从中受益，但受益最大的是那些拥有大量资金和政治关系的人，
他们可以在政府城市开发计划公布前获取相关信息。许多财阀集团
在土地价格上涨之前就在江南购买了大片土地，并将其作为储备资
本的重要来源（Son，2003）。在这场投机性房地产游戏中，另一位
玩家是朴正熙政府[1]。

---

[1]　这笔交易的主要代理人是首尔市市长，他在 1960 年代初期购买了江南大片土地，并在江南开发初
　　期将其出售，将全部利润捐赠给朴正熙的政治基金（Son，2003；Ji，2017）。

除了这些大玩家，江南的开发为许多有经济头脑并有资金投资的普通人提供了机会。1963~1979 年，江南的土地价格上涨了800~1300 倍，而在江北（龙山）的一个典型地区，土地价格仅上涨了 25 倍（Cho，2004）。国家对房地产市场的深度干预在很大程度上鼓励了火热的投机性投资活动。出于控制新建公寓价格的目的，政府设定了低于市场价格的限价，并通过抽签系统选择购房申请人（Yang，2018a）。每当新的公寓楼开工建设时，幸运的中签者都将收到一份预付款合同。但奇怪的是，合同持有人被允许在一两年内甚至在工程完工之前，以全部市值将合同转售给其他买家。这些违规行为刺激了整个 1980 年代和 1990 年代的投机性房地产投资活动。因为新公寓的申请人需要满足一定的经济资格，几乎所有申请人都是中产阶级。此外，申请过程烦琐且需要投入大量的时间，这导致积极参与房地产市场的大多数人是中产阶级家庭主妇（至少表面上如此）。这些妇女成为社会关注的焦点。她们被称为"福夫人"（追求好运的家庭主妇或"房地产夫人"），并经常被媒体描述为投机性投资的恶魔。

在 1980 年代，越来越多的中产阶级居民从江北搬到江南，甚至许多对过于商业化且华而不实的地区毫无好感的保守人士最终也被说服搬到江南，这纯粹是为了子女的教育。房价上涨使那些早早搬迁的人受益，无论他们的动机是经济收益还是教育机会[1]。相比之下，那些更加依恋江北老街区或没有现金购买江南新建公寓的家庭，与早早搬到江南的家庭相比，不得不遭受相当大的经济损失。因此，中产阶级家庭的财富状况出现了分化，这取决于他们决定居住在江南还是江北。毋庸置疑，与首尔任何地区的房主相比，那些住在农村的人所遭受的财产贬值幅度相对更大（Ji，2017；Yang，2018a）。

江南文化

江南开发之初，赋予该地区文化氛围鲜明特征的是那些通过在该地区进行投机性房地产投资而获得巨大利润的人。第一个开发的地区是永洞，在 1970 年代后期，该地区最引人注目的是数百家房地产办公室和一排排的餐厅、酒吧、舞厅等娱乐场所。这个地区以其众多昂贵的女主人酒吧（hostess bars）而闻名，房地产经纪人喜欢在那里招待客户和官员。当时媒体描述的永洞文化主要是一种金钱、性和享乐的文化——一种高度物质主义、享乐主义和机会主义

1　自 1980 年代以来，即使在经济低迷时期，江南公寓的价格也从未下跌，而且公寓总是比其他房产更容易出售。由于其高流动性价值，拥有江南公寓的所有权被认为相当于拥有三星等可靠且收益率高的蓝筹股一样。

的文化。

随着1980年代江南发展为一个富裕的中产阶级公寓区，其庸俗、享乐主义的形象逐渐淡化，但并未完全消失。到1980年代中期，狎鸥亭洞和新沙洞成为江南生活的新中心。虽然新沙洞的形象有点类似于永洞，是一个寻欢作乐、提供吃喝玩乐的场所，但狎鸥亭洞却成为一个时尚的购物区，体现了奢华的生活方式，为江南新兴的消费主义文化奠定了基调。1990年代，随着经济自由化的推进，韩国放松了对奢侈品进口的管制，狎鸥亭洞成为所谓的名品热潮的主要中心。该地区是大型企业集团为吸引富裕家庭而建造的首批两座大型豪华公寓楼（盘浦公寓和现代公寓）的所在地。现代集团还在狎鸥亭洞的主要街道上开设了两家豪华百货公司（现代百货公司和Galeria百货公司），专门为富裕客户提供名牌进口商品。21世纪初，三星集团在该地区开设了自己的顶级百货公司新罗（Silla）。此外，狎鸥亭洞还有自己的罗迪欧大道（Rodeo Drive），模仿比弗利山庄（Beverly Hills）的原型，汇集了各种奢侈品牌商店、高级餐厅以及时尚咖啡馆和酒吧。

在21世纪的前十年，时尚和奢侈品消费的中心转移到了清潭洞。相比之下，该地区拥有比狎鸥亭洞更奢华的公寓，更有品位的餐厅、酒吧和娱乐场所。此外，清潭洞还吸引了来自江北区的许多文化项目，例如艺术画廊、电影工作室、建筑师办公室、书店咖啡馆、古董家具店等。该地区还以高端整形手术和护肤服务而闻名。

　　然而，江南地区的空间发展并不完全是单向的。该地区的文化和亚文化也呈现多样化的趋势。除了连接狎鸥亭洞和清潭洞的主要地带外，江南地铁站周围也形成了一个大众消费空间。这个区域有众多餐厅、咖啡馆、啤酒屋、卡拉OK厅等，为低收入青年提供了一个另类空间。21世纪，江南东部又建造了一个巨大的娱乐餐饮综合体——三星Co-ex购物中心，成为非常受年轻人欢迎的娱乐场所。

　　这些社会空间的发展证明了江南文化和生活方式的不断拓展与多样化。尽管如此，"江南风格"仍然保留着其高雅的内涵。韩国媒体对江南地区的消费模式和生活方式给予了高度关注。江南风格既是媒体建构的产物，也反映了现实。媒体一直对江南的消费文化持批评态度，反映了非江南人对江南人普遍的负面印象。媒体对江南的描述中充斥着"房地产"、"奢侈品"、"过度消费"和"扭曲的消费文化"等词（Kang，2004；Lee，2017；Lee and Lee，2017；Bae and Joo，2019）。文学家也对江南消费主义文化提出了严厉的批评，将其描述为乌托邦式的、享乐主义的、颓废的，并且总体上是庸俗资本主义的中心（参见Kang，2004）。虽然对江南的这种负面看法一直存在，但仔细观察就会发现，随着时间的推移，发生了微妙而重要的变化。Young Min Lee（2017）对媒体对于江南表述的变化模式进行了非常有启发性的分析，描述了媒体和公众眼中江南文化变迁的四个阶段。

第一阶段是1970年代江南开发初期。这一时期，该地区的房地产投机活动受到媒体的广泛关注。媒体对永洞的形象进行了极其负面的宣传，将其视为房地产投机者光顾的物质主义和享乐主义的娱乐区。此外，在此期间，媒体还创造并频繁使用"福夫人"一词。

第二阶段是从1980年代到1990年代初。当时狎鸥亭洞崛起为奢侈品消费和高级时尚中心。这也是1987年民主化和1988年汉城奥运会之后的时期。经济自由化刺激了整体消费，但引领奢侈品消费的却是狎鸥亭洞。媒体和知识界对这一地区兴起的庸俗、追求享乐的消费文化感到有些不安，并经常将江南描述为"奢侈品和过度消费的热点"。

第三阶段是从1990年代中期到2000年代初。这是江南流行文化成熟和多样化的时期。江南的消费文化已经从狎鸥亭洞扩展到了新的地区，特别是清潭洞，它取代了最富裕街区的头衔，而江南地铁站地区和三星Co-ex购物中心，则成为面向年轻人和低收入消费者的低端消费空间。随着江南文化和风格的扩张与多样化，媒体开始对其另眼相看，减少了批评，并开始"将江南视为一个拥有多种形式高级消费文化的地方，而不只是奢侈和过度消费的地方"（Lee，

2017：73）。

第四阶段是从 2000 年代初到现在。江南消费文化不断扩张和多样化，媒体对江南文化的批评也逐渐变得更加温和且微妙。媒体评论员开始意识到江南文化并非其特有或仅限于该地区，而是代表了国家消费文化的总体发展趋势。商业投资也开始将江南视为新产品和新时尚的试验场。即使批评家不赞同江南文化，他们的关注点也已从它的炫耀性消费转移到了它的排他性；现在他们批评的是，富裕的江南居民试图维护自己（排他性）的消费和文化活动空间。媒体批评的焦点不再是江南文化过于物质主义或享乐主义，而是越来越多地集中在这一文化空间正在被富裕的江南居民垄断的事实上。大多数媒体评论隐晦地表达了对江南风格的认可或赞赏，同时也表达了对这种时尚文化已被富裕特权阶级专享的不满。

阶级形成，江南风格

正如我们所看到的那样，江南从一开始就是一个以中产阶级为主的地区。江南建造的大部分公寓以中等收入或更富裕的买家为目标。房价的飙升使居民财产大幅增加，但也让下层中产阶级家庭更加难以进入该地区。江南是富人居住的地方，这一世俗印象的形成并非毫无根据。从财产、税率以及公寓价格的统计数据来看，这一地区显然居住着大量富人[1]。

一个更重要的事实是，江南是韩国权力精英的聚居地。一项分析显示，居住在江南的韩国精英的比例十分惊人：全国 61.3% 的律师、56.4% 的医生、54.0% 的企业家、52.8% 的财务经理、50.2% 的公务员，以及 36.2% 的记者居住在这里（Cho，2004）。考虑到 2000 年代初江南地区的人口约占首尔总人口的 15%，在这个特定区域里，权力精英明显过多。

因此，许多持批评意见的学者将江南视为韩国新兴富裕中产阶级的诞生地（Cho，2004；Kang，2004；Kang，2006；Son，2008；Shin，2013；Park and Chang，2017）。正如 Myung Rae Cho（2004：33）雄辩地指出的那样，"江南已经成为（《圣经》中的）方舟，韩国的新兴上层阶级在此安家落户"。Nae Hee Kang（2004：72）也认为，"江南是一个占主导地位的阶级联盟通过社会投资和对资源的排他性控制而享有特权地位的空间"。当然，并非所有江南居民都是富人或专业人员和管理层的一员，一些低收入家庭也分散在江南的一些地方居住。此外，由于被迫提前退休、生活成本上升以及持续的、高

1　正如 Bae 和 Joo（2019：14-15）报告的那样，"大约 1/3 的国家遗产税纳税人［根据 2016 年数据（31.3%）］和国家综合房产税纳税人［根据 2007 年数据（35.8%）］来自这里（江南）的三个地区。韩国 18% 的超级富豪（持有超过 100 万美元现金的人）也居住在这三个区。从人口所占比重看，这三个区的总人口仅占全国总人口的 3%"。

昂的教育成本，如今许多江南居民抱怨自己的经济状况已不堪重负。但事实上，大多数居住在江南地区的人是为了享受该地区提供的诸多便利以及与江南居住地相关的地位认可而搬迁至此的，所以，大多数居民很可能有共同的兴趣爱好和共同的观点。有鉴于此，我们可以将江南视为一个特殊的地理区域，在那里形成了一个新的、独特的上层中产阶级的群体。这部分人代表韩国上层中产阶级的一部分而非全部。但江南新兴上层中产阶级的形成方式及其具有的独特社会属性对整个韩国社会产生了重大影响，因此认真研究它的属性非常重要。

江南富裕中产阶级最显著的特点是，其物质基础为房地产快速发展时期对该地区房地产的投资。无论他们是否积极参与了投机性房地产投资，每一个较早搬到江南的人都因在江南拥有一处房产（或多处房产）而受益。因此，韩国学者普遍认为，江南富裕阶级主要通过投机性房地产投资积累财富。例如，Cho（2004：29）认为，"江南土地产生的投机性财富被无差别地提供给那些搬到这个地区的人，并为韩国中产阶级和上层阶级的崛起提供了物质基础"。Ji（2017：187）同样认为，"江南的中产阶级和上层阶级的物质基础基本上是他们的房产所有权"。Park（2017：9）将江南视为城市发展的一种特殊形式，他认为，"最终，江南化导致韩国城市中产阶级成为投机性投资的代理人，他们依赖于房价的上升，并且这一事实促使投机性投资导向的城市发展为韩国的主导城市模式"。与此类似，Yang（2018a：137）认为，"当前中产阶级的脆弱性深深植根于其在经济高速增长时期形成的投机性和排他性做法"。

江南房价持续上升的主要原因是，政府在该地区投入了巨资，努力将江南打造为最现代化的全球城市。一开始，政府修建了许多桥梁，以连接首尔市的南部和北部，并投入巨资，使江南成为全国的交通枢纽。在1970年代开始发展地铁系统时，政府确保大多数地铁线路经过江南。因此，江南的地铁线路和站点比首尔的其他地区都要多，而且江南的设施也更好。此外，政府从一开始就试图建设适合样板区的基础设施。因此，江南比韩国任何其他地区都更加现代化，功能更加齐全，拥有更现代化的景观、更多的绿地、更宽更直的道路、更好的电力和污水处理系统，与地铁系统的连接更为便捷，等等。此外，江南还拥有音乐厅、歌剧院、画廊、图书馆、奥林匹克体育场等众多文化和体育设施，甚至公共图书馆的数量（按居民数量计算）也比江北多得多。江南的地方政府财力雄厚，因此能够为居民提供比江北更好的社会福利服务和文化项目。更重要的是，江南已不仅仅是时尚和奢侈品消费中心，同时还是高科技产业和风险投资的神经中枢，尤其是在电信、娱乐和广告领域。许多韩国企业集团的总部设在江南，这里还吸引了许多国际金融公司（银行、保险公司、投资和会计服务公司），设立了很多全球名牌产品的旗舰店。因此，从很多方面来说，江南已成为一座成熟的全球城市，其全球影响力也在快速增长。这意味着江南居民在就业市场上享有更多的优势，特别是在全球化部门获得更理想的专业和技术工作方面。

江南房价的持续上升及使该地区变得更适宜居住的一个更重要的影响因素，可能是它为中产阶级家庭提供的教育优势。事实上，江南的发展离不开韩国竞争极其激烈的教育环境。正如上文所述，朴正熙政府通过将江北老牌精英高中迁至江南，在新地区发展初期吸引了许多中产阶级家庭迁入。这些老牌精英高中集中在江南的富裕地区，后来被称为第八学区，这使江南成为全国最理想的学区。但公立高中特权区的建立仅仅是一个开始。富裕的中产阶级父母希望有更多样化、更有效的方式让自己的孩子变得更有竞争力。于是，各种学院、教习所、家教服务就出现了。鉴于该地区的富裕程度，江南吸引了最优质的私人教育，使江南地区考入精英大学的学生比例远高于其他地区[1]。

鉴于所有这些优势，如此多的人想要在江南居住也就不足为奇了。即使财务状况不稳定，人们仍然拼命维持他们在那里的居所或

---

[1]　Kim（2013）在《首尔日报》（*Seoul Daily*）的报道中指出，2011年，江南高中毕业生考入国立首尔大学的机会是非江南高中毕业生的7倍。

业务。居住在江南的较为年长的人抱怨说，对他们来说，搬到其他价格适中的公寓更为合理。然而，为了孩子，他们一定会留在江南，因为江南住址在婚姻市场上意义重大。生意人同样热衷于在江南保留一间办公室，因为这能为公司塑造良好的形象。由于搬迁会让人产生公司快要倒闭的印象，所以公司只能勉强支付高昂的租金。总之，江南已成为一种身份的象征。不出所料，江南的父母希望孩子在婚后继续居住在江南。他们希望子女与目前居住在江南或婚后很有可能居住在江南的人结婚。另一方面，许多非江南人后悔没有在可能的情况下尽早做出搬到那里的决定。一项调查发现，117 名非江南受访者中有 93 人表示如果可能的话，他们想搬到江南，尽管他们中的许多人也对江南的生活方式和势利的氛围持消极态度（Lee and Lee，2017）。

江南居民的共同物质基础是拥有高价值房产，他们自然而然地对保护其财产价值有着浓厚的兴趣，并且对任何可能威胁这些价值的政府政策变化极为敏感。因此，毫不奇怪，在每次大选期间，所有政党都会竞相提出符合房主利益的城市发展政策，尤其是像江南这样有影响力地区的城市发展政策（Son，2008）。在 1996 年以来的大多数选举中，江南三个核心区的居民始终投票支持保守派政党候选人。唯一的例外是 2016 年大选，当时江南有两个地区将选票投给了反对派候选人，而其他五个地区则将选票投给了保守派政党候选人。在 2020 年大选中，自由派（左派）政党在全国范围内获得压倒性胜利，但狎鸥亭洞居民仍然选择了一位保守派反对党候选人。

江南居民也以其强烈的阶级认同感而闻名。人类学家研究发现，江南居民非常清楚，非江南居民认为他们是追求奢侈、矫揉造作和傲慢的人。但他们自己对江南人的看法却不同。他们认为自己并不是盲目追求奢侈和时尚，而是关注品质并有独特的品位。他们认为江南居民通常比大多数人更有风度、更温和、更放松、更理性。自然而然地，他们在自己的江南人圈子里感觉更自在，并且不太愿意与非江南人交往（Lee and Lee，2017）。江南成年人的这种态度似乎会传递给他们的孩子。Lee（2017）的人类学研究发现，许多江南孩子对非江南地区持有负面看法，认为那里粗野、肮脏、乡村气息浓厚、臭气熏天，而且有些危险。他们甚至可能害怕离开江南（Lee and Lee，2017）。Yang（2018b）也证实了这一点。正如她所说的，"江南居民将他们的社区描述为'安静'、'干净'和'有序'，而将非江南的社区描述为'喧闹'、'狭窄'、'拥挤'和'混乱'。对江南居民来说，生活在江南意味着生活在一个更加'文明'的空间中"（Yang，2018b：13）。江南居民的这种文化优越感自然而然地促进了其阶级认同的发展。

更重要的是，居住在江南有利于建立对个人职业或商业非常有帮助的社会网络。权力精英和高收入专业人员的集聚促进了这些有影响力和资源丰富的人之间的联系。由于居住在同一栋大型公寓楼、去同一所教堂，或将孩子送到同一所学校，他们很容易建立起亲密的关系。身处不同职业的人认识到彼此间关系的价值，并有意识地寻求建立密切的关系。当然，这种阶级网络可以在不同的居住区域发展，但在江南的富人区毗邻而居，无疑有利于这种网络的建立，并增强了以江南居住区为基础的新兴上层中产阶级的排他性。正如Bae 和 Joo（2019：748）所观察到的，"江南居民维持现状的方式是尽量减少与非江南居民的社会交换，同时通过学校关系或职业关系积极拓展与内部人士的社交网络"。

作为成功典范的江南

到 2000 年代初，江南已经成为典范地区，拥有许多城市居民所渴望的好东西：优越的基础设施、优质的学校、现代化和全球化的生活环境，最重要的是，房价持续上升。因此，江南已成为大多数韩国人羡慕和嫉妒的对象。随着江南房价的不断飙升，其他中产阶级人士越来越难以进入该地区。然而，人们对生活在江南这样的地区的渴望是强烈的，这就催生了城市开发的一种新趋势：以江南的形象创建新城市。首尔周围的几个卫星城市，包括盆唐、一山、水西和平昌，都是按照江南的模式开发的，而地方性城市也创建了类似江南的地区，如釜山的海云台和大邱的寿城。所有这些新的城市空间都被高端购物中心、优质学校和教习所、著名医院、一排排的精品商店、时尚餐厅和酒吧，以及时尚休闲场所塞满。Park（2017）将这一过程定义为"江南化"，这是一个由对江南式城市空间的渴望推动的过程。正如他所说，"江南风格……不仅仅是一个局限于江南地区的独特之处，它已经成为所有韩国中产阶级梦寐以求的城市生活理想和梦想，并被韩国所有其他城市效仿和复制"（Park，2017：7）。

这些新建的城区在追赶江南的奢华和声望方面取得了一定的成功，但是，它们没有江南的规模经济，因此大多数设施（包括公寓、购物区和教育设施）的规模和质量都比江南低一级。最关键的是，它们的房价的涨幅没有江南那么大。新兴奢华城区的居民似乎也感受到相对于江南居民的剥夺感，他们知道自己住在"小江南"，因为他们负担不起生活在"真正的江南"的费用（Chang，2017）。正因如此，尽管他们可能努力拉开与普通中产阶级的差距，但他们仍然要努力避免落后于江南居民太多。

因此，无论人们喜欢与否，现在江南在许多方面被视为成功的典范。这不是因为人们赞美或尊重江南。关于江南的大部分流行话语仍然集中在其居民的投机性房地产投资和炫耀性消费行为上。媒体不断关注江南富裕家庭的时尚生活方式和昂贵的教育实践，使非江南人羡慕和嫉妒他们。难怪大多数人渴望居住在江南，希望为自己的孩子提供与江南的孩子相同的教育优势，并与居住在这个地区的成功人士建立社会联系。然而，随着江南公寓价格的上涨，普通人几乎不可能搬到这个地区。这提高了在江南拥有产权房的实际价值和象征性价值。所以，除了江北的少数富人区外，居住在江南还是非江南经常被用来区分富裕中产阶级和普通中产阶级。

在全球化时代巩固阶级特权

可以毫不夸张地说，江南是韩国特权上层中产阶级的摇篮。但考虑到它的起源，这个阶级一直遭受着道德上不合法的感受的困扰。多年来，江南的政治和社会力量不断增强，但主流社会仍然用批判的眼光看待江南及其占主导地位的阶级，尽管其中也夹杂着羡慕。居住在江南的自由派知识分子往往被贴上"江南左派"的标签，这表明他们可能公开主张进步，但对维护他们的财富和社会特权有着浓厚的兴趣。近年来，许多政治丑闻涉及所谓的"江南左派"，其中最著名的是曾担任总统助理和法务部长的曹国（Cho Kuk）案。尽管如此，近几十年发生的重大变化有助于提升江南上层中产阶级的社会声望，因此我们需要认真分析这一结构性变化的含义。

　　首先，我们必须认识到江南的上层中产阶级由两类不同的群体组成。第一类群体代表新兴富裕群体，他们主要靠房地产投资积累财富；他们中的一些人现在拥有其他类型的生意，但他们的主要财富来源仍然是江南地区的房产和出租房产的所有权。他们是金融界的风云人物，是私人银行、外国汽车经销商、奢侈品店、美容院等最受追捧的客户。第二类群体由在韩国全球化经济的先进部门就业的专业人员和技术人员组成。他们中的一些人拥有高科技产业和跨国公司所需的稀缺专业技术；另一些人则拥有专业（医疗、法律或金融）技能，为富裕客户提供服务。高级政府官员可被视为第二类群体的一部分。

　　在江南开发初期，江南社会中最突出的群体是第一类群体，即小资产阶级，他们对江南社会文化氛围的塑造发挥了重要作用。但自1990年代以来，随着韩国经济迈向全球化，第二类群体，即专业人员和技术人员，已成为江南上层中产阶级更重要的组成部分。这两类群体在居住区域和生活方式方面表现出有趣的差异。如果说第一类群体是更加消费主义的，并以富裕的生活方式为基础寻求自己的地位，那么后者的消费习惯则更加保守，更注重孩子的教育。有趣的是，他们也往往聚居在江南的不同地区。一般来说，以房地产为财富基础的家庭居住在奢侈品百货公司和高端商场云集的狎鸥亭洞，而专业人员和管理人员的家庭更有可能居住在以教育闻名的大峙洞（Ji，2017）。尽管存在这些差异，但他们并不真正构成两个独立的阶级。事实上，他们往往来自同一类家庭，父母这一代更有可能属于小资产阶级，而他们的孩子则代表专业／管理阶级。因此，经过一代人的变迁，江南的富裕阶级已经从韩国人过去所说的猝富（庸俗的富人），发展为所谓的优才精英或全球中产阶级，其成员拥有高水平的专业技术技能和全球文化资本。后者在江南人口中的崛起意味着江南上层中产阶级可以享有更高的声望和文化合法性。

　　伴随着江南上层中产阶级的这一代际和职业转变，有两个因素支撑着具有江南风格的上层中产阶级的合法性和特权。其中一个因素是新自由主义，自1997~1999年亚洲金融危机以来，新自由主义已经成为韩国的主要意识形态和政策方向。新自由主义的本质在于相信市场原则是所有经济、社会和文化活动应遵循的最高价值。这种信念认可追求利润的活动，并赋予那些能够敏锐、灵活、机动并善于利用市场机会的人很高的地位。此外，这种信念还证明人们有权以任何方式花钱，并可以保护富人免受公众对过度消费的指责。现在，富有被认为是一件美好的事情，是每个人都应该努力为之的。因此，新自由主义作为一种强大的意识形态在韩国兴起，对于确立江南富裕中产阶级的社会地位发挥了很大作用。

　　对江南文化及其在韩国社会的接受度产生巨大影响的另一个因素是 1990 年代中期以来韩国经济的快速全球化。随着全球化文化和全球化制度实践在韩国获得更高的地位，富裕的江南人对美国式消费方式的反感逐渐减弱。平均而言，江南居民的全球流动性和全球联系度远高于其他韩国人。他们经常出国旅行，其中许多人的孩子也在国外学习。他们的参照群体曾经是美国的普通中产阶级，但现在已经变成西方发达社会的上层中产阶级。随着韩国社会全球化程度的加深，江南文化通过拥抱全球主义和世界主义获得了更高的声望和合法性。

　　鉴于这些最近发生的变化，新一代江南上层中产阶级代表与其父辈截然不同的群体。上层中产阶级的成员在教育、职业和文化的经历方面远远超过他们的父辈。他们相对摆脱了过去将江南富人视为主要通过投机性房地产投资积累财富的形象；相反，他们可以基于精英主义价值观来彰显自己的地位。精英主义是一种意识形态，它认为应该将特权和声望授予那些拥有高水平知识和技能、对生产和利润做出更多贡献的人。这种意识形态符合那些拥有高学历的人的利益，因而受到江南高学历群体的欢迎。他们中的许多人曾就读于韩国或国外的精英大学，英语表达流利，并掌握了高水平的全球化与世界性文化技能和经验。如果在职业和经济上取得了成功，他们就可以轻而易举地以精英主义为由来证明自己的成功，因为他们拥有足够的市场优势来彰显其精英地位。因此，其他人越来越难以挑战新兴教育精英对社会特权的主张。在这种情况下，江南上层中产阶级所享有的阶级特权在文化和意识形态上都在慢慢得到巩固。

第5章　教育的阶级斗争

过去，教育孩子是一件非常简单的事情。父母过去常告诉孩子要好好学习，在学校认真听老师的，好好做作业，诸如此类。但现在，情况变得如此复杂。现在我们必须送他们去上私人英语课、数学学院、钢琴课、写作学院，随你怎么说。但这还不够。我们必须考虑是否需要或何时需要送他们出国留学。我们听到了各种关于早期留学的故事，有好有坏……我们不知道做多少才够。和其他人一样，我们希望给孩子最好的教育，我们希望看到他们在生活中取得成功。所以我们尽力而为，但这太难了……我们不知道自己是否做得足够。（我担心）其他人可能正在做更多、更聪明的事情。我不知道。教育对我来说真的充满痛苦。

这个故事是一位中产阶级母亲告诉我的，似乎很好地表达了韩国教育的现实。正如这位家长所说，教育是如今所有韩国家庭最大的关切和焦虑来源。过去，教育并不是如此昂贵和令人紧张的事情，家长之间的竞争也没有现在这么激烈。通过教育，许多家庭看到他们的孩子比父母上升到更高的社会地位。但现在，教育不再是实现向上社会流动的阶梯。尽管如此，教育竞争却日益加剧，与教育相关的社会冲突和焦虑也变得更加严重。

韩国教育的两面性

关于韩国教育存在有趣的反讽（或谜题）。这是因为外国人看到的韩国教育和韩国人自己看到的教育截然相反。从外部来看，韩国是拥有全球最出色教育体制的国家之一。韩国学生在国际化标准测试中总是位于前列，因此经常受到外国媒体的关注[1]。美国总统奥巴马是对韩国教育印象深刻的外国领导人之一。在 2009 年首次访问韩国后，他对韩国教育说了许多赞美之词，并敦促美国教育工作者向韩国教育体制学习。他在韩国教育中看到了什么？他很可能看到了那些异常勤奋的学生，韩国家长对教育的浓厚兴趣，国家和私人对教育高水平的投资，以及似乎有条不紊的教育管理。与其他国家相比，韩国的教育水平之高令人惊讶。90% 的初中生上了高中，其中 80% 的人进入了大学（包括专科学校）。根据 2021 年的经合组织教

---

1   最著名的国际测试是由经合组织举办的 PISA（国际学生评估项目），测试 15 岁学生的阅读、数学和科学能力。正如 S-W. Kim（2010）所报告的那样，"在 2006 年的国际学生评估项目中，在 57 个参与国家中，韩国学生的阅读排名第一，数学排名第二，科学排在第 7~13 位"。

育指数，25~34岁的韩国人接受高中教育的比例达到了69.8%，在经合组织成员国中名列第一。英国和美国的这一比例在50%左右，而法国为48%，德国为33%。根据这些数据，韩国现在拥有全球受教育程度最高的人口。

那么，韩国人不应该为他们的教育成就感到自豪吗？然而实际上恰恰相反，韩国人对他们的教育体制极为不满。为什么韩国人对一个从外部看来表现得非常出色的教育体制感到如此不满呢？原因有很多，但问题的关键在于韩国教育体制下的竞争激烈、压力巨大且费用非常昂贵。随着韩国成为一个发达的、全球化的经济体，所有这些方面都变得更糟了。那么，为什么韩国会发展出这样的教育体制呢？这是我在本章中要探讨的问题。在这里的分析中，我特别关注了阶级利益，尤其是富裕中产阶级的阶级利益如何塑造了教育过程，而这往往与国家教育政策的初衷背道而驰。同样重要的是新自由主义和全球化在影响韩国教育环境方面的作用。我的分析将凸显韩国日益增长的阶级不平等如何导致教育竞争加剧，国家发展更加平等的学校制度的努力被富裕阶级的阶级利益和兴起的新自由主义意识形态扼杀，以及这些如何导致私人教育市场异常发展。这些变化的后果是教育越来越具竞争性，依赖于私人市场，而且无论是在金钱、时间方面还是在信息方面都所费不赀，因此，更与家庭的阶级资源密切相关。

教育热与平等主义

那么，这种自相矛盾的教育体制是如何发展起来的呢？在解释韩国这一现象时，出现最频繁的概念是"教育热"（kyoyuk'yul）。众所周知，韩国人对教育异常热衷，许多家长愿意为子女的教育做任何牺牲。因此，教育竞争激烈且充满焦虑并不令人感到意外。那么为什么韩国人的教育热如此高呢？最常见的答案是，这是高度重视教育的儒家传统所致。事实上，拥有儒家传统的国家，如中国、日本和越南，民众也表现出高度的教育热情。当然，不仅仅只有在儒家社会中我们才能看到高度的教育热情。犹太人在世界上的教育成就可能是无可匹敌的，尽管文化完全不同。

韩国高度教育热的背后还有一个重要因素，那就是韩国人在20世纪经历的动荡历史。韩国在解放后经历了剧变，随之而来的是毁灭性的普遍贫困。这些历史事件摧毁了旧的社会地位体系和统治阶级（两班），导致出现了一个实际上没有阶级的社会。在这个新社会中，昔日的社会地位要求已经无足轻重，人们彼此间平等对待。正是这种高度流动的、灵活的社会结构使平等主义成为韩国社会伦理中的关键因素。韩国人开始对世袭财富或特权并不十分尊重，他们坚信机会均等和通过自己的努力实现社会地位上升的可能性。因此，我们必须理解，韩国人对教育的浓厚兴趣并不仅仅是儒家价值体系的产物，同时还是韩国现代历史进程塑造的，这一历史进程摧毁了传统的分层体系，为普通民众打开了社会流动的大门。

由于韩国人对教育的热情（教育热）与强烈的平等主义有关，因此整个社会达成了共识。也就是说，社会地位和奖励分配是由教育决定的。尽管儒家传统的大多数其他价值观已经崩塌，但韩国人对教育的信念变得更加坚定。几乎没有人会争论通过教育来确定社会地位和报酬是否合理。与此同时，韩国人对教育公平机会的信念也变得更加坚定。他们希望看到教育机会对所有人都是开放的，并且希望教育竞争能够公平进行。当这一期望被背叛时，韩国人会强烈反抗，特别是当违反规则的人拥有财富或权力时。

学阀社会

然而，如果我们仔细观察，韩国人对教育的狂热与教育的真正含义有所不同。对大多数韩国人来说，教育的重要性不一定在于获得真知灼见、培养品格或文化启蒙，而在于获得"学历"（hakryuk）或"学阀"（hakbol），这对于在社会中受到尊重并获得成功是至关重要的。学历是指一个人接受了多少学校教育，是就业市场在筛选时最为重要的标准。在韩国，居民的平均受教育程度显著高于大多数其他国家，没有大学文凭将导致被歧视并难以获得好工作。此外，即使一个人已经大学毕业，他／她毕业于哪所大学在确定他／她的人生道路方面也非常重要。这就是为什么学阀很重要。在韩国，学阀是基于一个人毕业院校的声誉和校友社交网络形成的。从本质上讲，学阀意味着毕业于一所著名的大学并成为该校校友强大社交网络的一员。因此，学阀是一种对个人社会地位和职业有重要影响的文化资本。韩国中产阶级父母的教育热本质上意味着他们希望自己的孩子进入一所著名大学并获得重要的学阀。韩国教育领域的激烈竞争基本上是为了争取好的学阀。

从结构的角度来看，大学的等级（排名）系统是学阀系统的基础。处于这一层级顶端的是国立首尔大学、高丽大学和延世大学，俗称"SKY大学"[1]。SKY大学自解放（摆脱殖民统治）以来一直享有顶尖精英地位，几乎没有变化[2]。其中，国立首尔大学在规模、财力、声誉等方面均在国内外占据领先地位。韩国的报纸经常报道排名前三的大学如何垄断韩国社会各个领域的高层职位。例如，以下是《韩民族日报》报道的数据："截至2016年10月，在1411名高级公务员中，有780名来自SKY大学，占总数的55.3%（仅国立首尔大

---

[1]　SKY是由国立首尔大学（Seoul National University）、高丽大学（Korea University）和延世大学（Yonsei University）三所大学英文的首字母拼写而成。——译者注

[2]　梨花女子大学在不久前还是精英大学，但随着男女同校的趋势逐渐增强，目前已经失去了这一地位，而得到三星集团巨额资金支持的私立成均馆大学的研究成果和学术声誉正在迅速赶上其他精英大学。

学就占 33.7%），较 2013 年的 48.0% 有所上升。2016 年最高法院新任命的法官中 84% 的人、第 20 届国会 253 名议员中 48.2% 的人（122 人）是这三所大学的毕业生。此外，500 强企业的 CEO 中有一半毕业于这三所大学（2015 年），4 年制大学的校长中 30% 以上的人是国立首尔大学的毕业生（2009 年）。这意味着历届政府采取的旨在打破学阀制度的政策被证明是徒劳的"（*Hankyore Daily*，2016 年 11 月 3 日）。

如果说 2000 年以来有什么变化的话，那就是大学排名体系变得更加垂直式的等级分明，首尔大都会地区的大学与位于省会城市的大学之间的差距拉大。现在，首尔大都会地区约 10 所大学以各自的方式占据精英大学的地位，使自己与位于省会城市的大学区分开来。与此同时，过去以悠久历史为豪的省级公立大学已经明显衰落（或处境恶化）。

当然，几乎在每个国家我们都可以找到大学的等级制度。然而，韩国的大学等级体系特别垂直和僵化。它确实比美国的大学等级体系更垂直和僵化，甚至与具有类似教育结构的日本相比也是如此。在美国，哈佛大学被普遍认为是这个国家最负盛名的大学，但除了这所大学外，还有几所非常著名的私立大学，它们属于常春藤联盟，包括耶鲁大学、普林斯顿大学和哥伦比亚大学，而在西部还有同样有声望的斯坦福大学和加州大学伯克利分校。在日本，东京大学被认为是最负盛名的大学，但除此之外，还有几所公立大学和私立大学，如京都大学、早稻田大学、庆应义塾大学、大阪大学和东北大学，它们保持着卓越的声誉，其毕业生的就业率也很高。而且，虽然东京大学的毕业生在政界占有重要地位，但庆应义塾大学的毕业生在商界担任 CEO 的更多。相比之下，韩国的大学等级制度呈现为一个单一的、简单的垂直体系。这一等级制度适用于政治、经济和文化的所有领域。

尤其令人担忧的是，韩国的学阀制度与裙带关系紧密相连。同一所大学的毕业生之间分享着彼此的校友情谊和紧密的社会纽带，他们在就业和晋升方面相互支持。与其他形式的裙带关系一样，以学阀制度为基础的裙带关系通常表现为保护内部成员和排斥外部人员的活动。这就是从占据社会上层的精英大学毕业如此重要的原因。学阀是一种身份证，它在一个人参加大学入学考试时就确定了，并且会伴随一个人的一生。一旦确定，学阀不会改变，也无法被其他方式替代。事实上，这是最可怕的品牌形式。

高中平准化政策

原则上，对教育的强烈渴望对个人和社会来说都应该是一件好事。事实上，韩国过去半个世纪的杰出经济成就很大程度上归功于人们的教育热情，这有助于培养受过良好教育和遵守纪律的劳动力。

但是，当富人试图利用他们的财富为自己的孩子谋取不公平的教育优势时，这可能成为一个严重的社会问题。这正是1960年代后期韩国在生活水平提高、中产阶级规模开始扩大时发生的事情。随着高中入学率大幅上升，争夺进入精英高中以期将来进入精英大学的竞争也加剧了。富裕家庭开始聘用私人家教，来为他们的孩子赢得竞争优势。其中，许多家教是兼职的高中教师，他们在提高学生大学入学考试分数方面有着出色的业绩。支付昂贵的家教费的做法最早从富人开始，逐渐扩展到其他中产阶级家庭。

意识到这一发展对军政府的潜在危险，朴正熙总统决定采取严厉措施。作为一个坚信平等教育和社会和谐的人，朴正熙总统于1969年宣布实施初中平准化政策（the Middle-School Equalization Policy）。该政策首先废除了初中入学考试，取而代之的是基于学生居住区域的随机选择程序。教师也被重新分配到不同的学校，以促进学区平衡。因此，初中之间的差异几乎在一夜之间消失了，对家教的需求也消失了。但是，初中平准化政策只是将竞争推迟到高中入学考试的时候。四年后，政府实施了高中平准化政策（the High-School Equalization Policy，HSEP）。同样，这一政策通过强制学校通过随机选择而不是入学考试来选择学生，有效地摧毁了高中排名体制。

这一世界罕见的高中平准化政策的新尝试在改善小学和初中的

"考试地狱"问题、减少高中之间的层次差异方面取得了一些积极成效。该政策有助于来自贫困家庭的学生接受与富裕家庭的学生相同的教育，给人的感觉是为普通民众提供了平等机会。但与此同时，它还产生了一个严重的意外后果，即催生了一个破坏公立学校体系的私人教育市场，这是因为富裕家庭愿意尝试任何可能的方法来让他们的孩子在大学入学考试中占据竞争优势。他们愿意为教育优势付费，这促进了私人教育市场——包括学院、家教服务和各种教习所——急剧扩张。尽管政府竭力遏制这种私人补充教育的扩张，包括出台认定私人家教为非法的政策，但需求仍然不断增加。富裕家庭逐渐放弃公立学校，学生格外关注他们校外教育的学习，因为他们认为这会使他们更好地为大学入学考试做准备。

同时，国家的高中平准化政策开始被政府自己的政策选择推翻。其中之一是政府雄心勃勃的城市规划：在汉江南岸开发一个新的城市区域——江南。为了将这个地区建设为一个以中产阶级为主的城区，政府试图鼓励中产阶级家庭从汉江北岸（江北）搬到这里。但当中产阶级家庭对搬到一个未知且不发达的地区感到犹豫时，政府决定将江北的几所老牌精英高中迁至江南。事实证明，这是使中产阶级家庭搬迁到这个新地区的最有效的策略。这些老牌精英高中在搬迁到江南的中产阶级城区后，迅速恢复了因为高中平准化政策的实施而失去的地位，对来自富裕中产阶级家庭、有竞争力的学生有极大的吸引力。

但中产阶级家长对卓越教育的需求不能仅仅通过一些顶级公立学校的重新出现得到满足。进入 1990 年代，通过创建新的特殊目的高中［Special-Purpose High-Schools，简称特目高（*teukmokko*）］这种新的类别，出现了第二种高中分层形式。政府声称这些学校是必要的，用以培养更多的外交、科学和工程领域的专业人才，他们是韩国在全球化经济中进步所需的精英技术工作者和专业工作者。特殊目的高中不受高中平准化政策限制，允许选择自己的学生、设置自己的课程。这是政府试图回应高中平准化政策带来的所谓"向下拉平效应"而不断遭受批评的一种方式，并为专业教育留出空间，同时不放弃高中平准化政策的基本框架。特殊目的高中成立后很快就成为新的精英高中。在韩国，精英高中主要是通过它们的毕业生成功被精英大学录取来定义的，而特殊目的高中在这方面表现出色。例如，2013 年，公立高中和特殊目的高中之间的差距高达 9 倍：公立高中的毕业生中有1.4% 的人被 SKY 大学录取，而特殊目的高中的录取率为 12%（Kim，2014）。

私人教育市场的扩张

高中的重新分层带来了毫不意外的后果，即加剧了教育竞争。

当高中平准化政策全面实施时，学校竞争出现在高中的高年级，但现在已经扩散到初中和小学，甚至更低的层次。家长们越来越依赖学院和私人家教服务来为他们的孩子申请私立高中做准备。因此，私人教育市场开始更加活跃地扩张，催生了庞大的教育产业。与常规学校相比，私人教育市场实力强大并表现卓越。2000 年以来，学院增长速度特别快（见图 5.1）。这一变化与 2000 年解除对学院和家教活动的法律限制以及亚洲金融危机后对英语教育需求的增长有关。

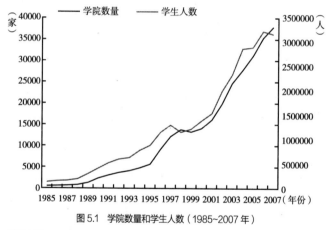

图5.1　学院数量和学生人数（1985~2007 年）

数据来源：Song（2008）。

私人课后教育的快速扩张意味着个别家庭的教育支出同样快速增加。1990 年，韩国家庭平均将其家庭总支出的 8.2% 用于教育，到 2013 年，这一比例增至 11.7%。作为一个国家，2000 年代初韩国在私人教育方面的支出占国民生产总值的比例最大（2.79%），超过了经合组织成员国中的其他国家（OECD，2006）。韩国的私人教育支出超过了美国、澳大利亚、加拿大和日本，2006年是经合组织成员国平均水平的4倍（S. Kim，2010）。

几乎所有生活在贫困线以上的家庭都参与了补充私人教育。不出所料，参与的程度和形式因家庭收入水平而异。2005年，收入最高的10%的家庭平均每月在私人教育上花费292000韩元（约合286美元），而收入最低的10%的家庭只花费了36000韩元（约合35美元）（*Korea Times*，2005年8月8日）。

许多学院已经发展为大型的、盈利丰厚的商业机构。它们可以招募到才华横溢的教师并提供完全适合应对大学入学考试的教育。有趣的是，许多明星学院的老师和成功的私人教育从业者曾参与1980年代的反政府民主运动。其中大多数人毕业于或者辍学于精英大学。但由于他们曾参与政治活动的历史，有些人甚至有犯罪记录，因此被禁止进入企业界或政府机构。在影子教育市场找到工作是其所能拥有的为数不多的开放选择之一，而作为学生活动家，他们早期的政治辩论/争论经验在这个领域是一项优势。这些技能在教导学生如何应对作文测试方面非常有用，而作文最近刚成为大学入学流程的重要组成部分。反讽的是，那些曾经站在民主斗争前沿的人成为扩张私人教育产业的主要推动者，使韩国教育更加不平等，并助长了阶级差异。

韩国私人教育产业发展中尤其令人担忧的是教育产业在首尔和农村之间，以及首尔的江南和江北之间的不均衡空间分布。江南在这一发展中占据非常重要的位置。我们已经看到江南如何成为一个主要的居住区，聚集了一流的学校和教习所。江南的一个特定地区——大峙洞——被誉为韩国私人教育的圣地。大峙洞被认为拥有全国竞争最激烈的学院、最好的老师和最先进的教学方法。由于这些顶尖学院以其出色的学生录取纪录而闻名，它们本身的竞争也非常激烈，有时学生会去其他学院以为进入他们首选的学院做准备。与其他地区不同，大峙洞的学院往往规模较小，提供专业和定制的课程。即使对江南区来说，大峙洞的房价也很高，因此只有非常富裕的人才能永久居住在那里。然而，临时居住的人会租用公寓，以便在特定时间使用教育设施，尤其是在夏季，大峙洞会吸引来自其他地区的学生，他们渴望向著名的学院老师学习特殊课程。

江南妈妈

在涉及韩国的私人教育时，江南妈妈是媒体和学界讨论都极为关注的一个主题（E. Kim, 2004；Kim, 2006；Park, 2007；SBS, 2007）。每当人们谈论韩国的教育热或私人教育市场过于庞大的问题时，她们就会被提起。媒体和通俗文学将江南妈妈视为江南教育风格的英雄或反面角色。江南教育风格旨在通过一种积极且高度物质化的方法，通过大量投资私人教育，为自己的孩子提供最大的优势。根据有关江南妈妈的通俗说法，对她们来说没有比孩子的教育更重要的了。江南妈妈坚信，在韩国，教育是唯一确保成功的途径，这意味着她们的孩子必须上精英大学以继承父母的社会地位。她们还相信，韩国的公立教育体制几乎已经瘫痪，因此必须通过私人课外市场找到能为孩子提供教育优势的更有效的方式。江南妈妈因此愿意——也比大多数人更有能力——大量投资江南地区的各种私人教育。

但江南妈妈与其他中产阶级妈妈的区别并不在于她们的教育热情和愿意支付私人补习费用，而在于她们教育孩子的整体方法。学者和流行作家经常将江南妈妈描述为"教育管理者"。事实上，我访谈的一些江南妈妈喜欢这样描述自己。 正如标签所暗示的那样，她们并不认为自己的角色仅仅是支持性的。她们不满足于让孩子接受私人教育、鼓励他们努力学习；相反，她们认为私人教育市场几乎是一片丛林，里面充斥着不同质量的多样化教育服务。因此，她们的工作就是为孩子另辟出路：找到最好的学院，安排最有能力的老师和顾问，制定最有效的策略，为应对不断变化的大学招生政策做好准备。应对这些挑战需要的不仅仅是金钱和热情，还需要优质的信息、对选项的明智评估以及熟练的规划和决策。江南妈妈敏锐地意识到这一事实，这就是为什么她们认为有必要积极管理孩子的教育生涯。

成为一名有效的教育管理者并不容易，前提是妈妈拥有很高的教育素养，并拥有足够的财力实施她认为最好的策略。此外，获取高质量信息也至关重要。江南妈妈因此以勤劳闻名。理想的江南妈妈一定不会错过大型学院举办的公开性大学升学讲座；她逛书店并仔细研究资料；她密切关注国家不断变化的大学招生制度，孜孜不倦地收集相关招生信息。但最重要的信息来源是其他经验丰富、人脉广的妈妈，这使江南妈妈形成了小型网络，在其中分享信息并为孩子组织社交活动。大多数妈妈的目标是加入拥有表现最好的孩子和（或）优质信息的妈妈网络，而尖子生的妈妈则希望团结在一起并排斥平庸学生的妈妈。在外工作的女性，即使是受过高等教育的专业人士，在这些网络中也不受欢迎，因为她们无法像全职教育管理者妈妈那样做出更多贡献。

除了管理者角色外，江南妈妈还以特定的态度而闻名。在人们的普遍认知中，江南妈妈是具有高度物质主义和工具主义教育倾向的人。她们主要将教育视为成功的手段。她们不太关心高中教育的内容，因为她们只关心学校能否有效地为孩子的高考做准备。在这方面，她们对公立学校失去了信任，转而信任声誉良好的学院、私人教师和顾问。她们对优质补充教育力量的极度信任似乎增强了其高度物质主义的教育取向。她们中的许多人似乎相信教育上的成功可以用金钱购买。一些妈妈乐观地认为，如果私人教师和顾问对孩子进行适当的教学辅导和训练，即使是平庸的学生也可以取得成功，即进入精英大学。当然，这需要大量的金钱投入。而且，与任何其他投资一样，必须以正确的方式进行投资才能得到最佳回报。这就是称职的江南妈妈的角色。爸爸通常缺席这样的场景，他们是必要资金的提供者，但管理者——拥有相关信息和社会联系的人——则是妈妈。

简而言之，在韩国，江南已成为教育机会最多的地方。江南地区的学生就读于更好的公立学校和私立学校，并有机会获得最优质学院的教学辅导服务。此外，他们中的许多人得到了非常积极的教育管理者（即他们的母亲）的主动协助。与此同时，非江南家长在看到江南学生的教育优势时感到焦虑和沮丧。2006年，我在首尔访谈的一位中产阶级母亲很好地表达了这种感受：

> 为了孩子的教育，我们愿意做出力所能及的牺牲。我们正在努力做周围的人正在做的一切。但当我（通过媒体）听到江南那些富人在做什么时，我的心沉了下去。我们没有办法追上他们。至于其他事情，比如出国旅行，我

们至少可以尝试做类似的事情。我们可以不去美国或欧洲，而去曼谷或日本。我们不关心或羡慕他们吃什么。但说到教育，却让我们如此沮丧和愤怒。这让我觉得我们是失败者。

新自由主义的影响

从 1990 年代开始，新自由主义的思想推动了韩国教育体制的转型。新自由主义最早在全斗焕政府期间（1980~1987 年）引入，但在 1997~1999 年亚洲金融危机后，新自由主义在韩国逐渐占主导地位。受新自由主义思想的深刻影响，自那时起，韩国教育体制经历了许多重要变革。

新自由主义对教育的第一个重大影响是提供了意识形态上的支持，以便在反对高中平准化政策的情况下使教育市场更加自由化。我们已经看到 1990 年代特殊目的高中的出现。这些特殊学校被允许不受高中平准化政策监管。但在 2000 年代初，金大中政府允许开设另一种独立学校，称为"自治私立高中"（*jasako* schools）。对自由和左倾的金大中政府来说，要实施这种与平等教育理想相悖的政策并不容易，但不断变化的意识形态环境使新自由主义倾向的教育家有能力说服国家实施这一政策。在随后的保守派李明博政府期间，自治私立高中的数量进一步增加。特殊目的高中和自治私立高中有许多共同特点：几乎都是私立学校，学费昂贵，教职员工素质较高，课程具有很强的国际取向。因此，它们比其他学校更成功地让毕业生被精英大学录取。

2000 年，新自由主义思想的盛行在政府的司法部门引发了一个有些令人惊讶的事件。这一年冬天，宪法法院裁定国家禁止补习教育违宪。这项禁令是全斗焕政府为了遏制私人校外教育产业而实施的，背景是私人校外教育产业因高中平准化政策的实施而增长。长期以来，自由派教育家一直指出该禁令的非法性，而富裕的中产阶级父母也不断试图逃避该禁令，但历届政府都认为有义务执行该禁令。但是在新自由主义势力的崛起及支持下，自由派教育家和富裕家庭能够影响宪法法院做出反对国家限制私人教育的裁决。通过取消禁令，高等法院为各种私人赚钱的教育服务打开了大门，学院、教习所、家教服务、教育咨询师等的数量呈爆炸式增长。

进入 21 世纪，持续占主导地位的新自由主义给韩国教育带来了更深层次的意识形态后果，这不仅体现在结构和组织层面，还体现在教育哲学和教育方法的日常实践中。过去那种教育平等和国家控制教育的进步主义意识形态失去了对教育者的吸引力，取而代之的是新自由主义强调的竞争、绩效、灵活性和选择自由等价值观，这些被视为教育改革的指导原则，越来越多地强调自我发展和个人责任，以及使用客观和可量化的标准来衡量技能和绩效的必要性。

　　这种新自由主义趋势给韩国大学生的就业准备方式带来了重要变化。从 2000 年代中期开始在大学生中流行并被不断谈论的一个新词是"spec"。它来自 specifications（"规格"）——电子产品和其他消费产品的详细功能列表。对学生来说，它基本上指的是学历和经验。在企业或国家机关中，对少数好工作的竞争不断升级，学生们开始相信他们的就业机会在很大程度上取决于他们在简历中展示的"规格"的数量和质量。显然，他们的"规格"越令人印象深刻，他们的机会就越大。因此，"千禧一代"非常关心如何打造自己的简历。韩国大学生往往更注重积累令人印象深刻的"规格"，而不是真正的知识和文化素养的提升。许多人休学一年只是为了提高自己的"规格"，这种做法在顶尖高校大学生中尤为常见。正如延世大学人类学教授 Hae-joang Cho 所观察到的那样："进入一所名牌大学，选择了能够赚钱的专业后，学生会继续参加英语水平考试（EPT），争取高的平均学分绩点（GPA），为各种比赛和资格考试做准备，并参加出国留学和实习项目……这些一心只想积累'规格'的年轻人不能忍受浪费时间。我的学生说他们从幼儿时期就开始练习如何进行时间管理。据我了解，新自由主义的《自我发展手册》是这些学生最喜欢的读物之一。"（Cho，2015：446）Cho 的描述表明，新自由主义思想已经深入韩国学生的内心。今天的学生过于专注于积累自己的"规格"，以至于失去了兴趣并且实际上也没有时间阅读有趣的书籍或参与具有文化和社会意义的活动。

近年来，教育政策的新自由主义转向带来的另一个重要变化是采用了效仿美国的大学招生新程序。过去，韩国大学根据学术能力评估测试（SAT）、高中平均学分绩点（GPA）和大学特定测试在一个固定的选拔期内录取学生。在新的新自由主义环境下，韩国大学开始强调新的资格标准，如创造力、多样性、灵活性和自学能力。测试形式也发生了变化，更加重视论文测试，旨在评估学生通过提出想法和逻辑论证来展示主动获取知识的能力，而不是被动的、记忆的知识。与此同时，许多韩国大学，尤其是顶尖大学，采取了有多个步骤的选拔程序，将选拔过程扩展到固定选拔期之外。在这个程序下，第一梯队的申请者是通过美国式的提前录取程序选拔出来的，领先于通过常规竞争程序选拔的学生。大多数表现优异的学生希望提前入学，为此他们需要有出色的表现。这就是为什么雄心勃勃的学生努力积累高分英语考试成绩、实习机会、各种竞赛奖项、证书、志愿工作、论文报告、冒险的海外旅行经历等（Abelmann, Park, and Kim, 2009）。但是，出色的"规格"往往是在足智多谋的父母的积极帮助下构建的，他们可以动员来自各个领域的朋友、同事和专家等广泛网络的帮助。对于专业的家长来说，在一些研究机构进行简单的无薪实习可能很容易安排，但对于大多数底层阶级的学生来说这几乎是不可能的。因此，随着大学录取程序变得更加复杂和新自由主义化，普通中产阶级的孩子在与专业技术人员和管理人员家庭孩子的竞争中更多地处于劣势。

总之，在过去40年里，韩国的教育体制发生了许多变化，这些变化是由私有化、全球化和新自由主义的崛起推动的。这些力量使韩国的教育体制变得更加复杂，教育竞争变得更加激烈，反过来增强了阶级资源在决定教育成败方面的影响力。过去，经济资本可能是阶级权力的主要形式。在当今全球化的世界中，阶级再生产还需要社会和文化资本（以信息和知识的形式），因为这些决定了个体的教育机会。尽管政策变革有着良好的意图，但最终还是因阶级权力和阶级利益而被击败或扭曲。最终的结果是出现了一个极其复杂、导致焦虑并且依赖阶级的教育体制。

阶级再生产

2010年代出现在韩国的流行话语之一是人们熟悉的阶级继承"汤匙理论"：有些人出生时嘴里含着银勺子，因为幸运的出生而过上美好的生活；而另一些人则生来嘴里含着铜勺子，甚至是"土"（陶）勺子，过着糟糕的生活。这种对韩国社会的负面描述首先通过社交媒体传播给年轻人，然后进入主流媒体并成为热门的辩论／评论话题。今天的大多数老年人对年轻人持如此悲观的态度感到惊讶，他们不明白为什么年轻人似乎不理解或不关心韩国通过坚韧和巨大的努力从极度贫困中创建了一个富裕社会的成就。但从年轻人的角度来看，除了少数幸运儿外，对大多数人来说，今天的机会结构是多么的可怕，年长一辈无法理解或关心。

如今，令许多人烦恼的是韩国社会向上流动的机会很少。过去，教育体制为来自农民家庭或城市工人阶级背景的人进入受人尊敬的中产阶级行列创造了可能性。这就是为什么老一辈人对教育体制抱有如此强烈的信心，并如此渴望为自己的孩子提供最好的教育。但是，现在父辈们不再认为韩国教育体制以同样的方式运作。在他们看来，这个体制不仅成本过高、压力过大，而且系统性地偏向富人，不利于穷人。处于不利地位的不仅仅是穷人，大多数中产阶级也感到自己的孩子被剥夺了与富裕家庭的孩子竞争的平等机会。

关于韩国教育不平等的大部分研究涉及江南和江北居民的子女在进入精英大学的机会方面存在的巨大差异。国立首尔大学（SNU）教授 Se-Jik Kim（2014）进行了一项特别重要的研究。他利用国立首尔大学提供的数据分析了学校因社会经济因素而出现的录取率差异。他的分析发现：2014 年，江南一些地区的高中毕业生进入国立首尔大学的比例比江北最不成功的地区高出 15~21 倍。更具体地说，就每 100 名学生而言，江南的三个核心区（江南区、瑞草区和松坡区）分别有 2.1、1.5 和 0.8 个学生被国立首尔大学录取，而江北的几个区则为 0.1~0.3 个学生。Kim 的分析还显示，特殊目的高中或自治私立高中与其他公立学校在国立首尔大学的录取率上存在显著差异。2014 年，首尔普通公立学校的毕业生中，只有 0.6 人被国立首尔大学录取，而外国语学校有 10 人，特殊理科学校有 41 人。Kim 的数据进一步表明，这一差异在 2005~2014 年间迅速扩大。

Kim 所展示的研究中最具代表性的数据显示了各地区的公寓价格与国立首尔大学录取率之间存在密切关联，如图 5.2 所示。他的分析还揭示了每个地区的平均公寓价格与精英大学的录取率高度相关（ R^2 = 0.76 ），这证明了富裕的居住区拥有更多的学院，可以显著地增加学生被精英大学录取的机会。

这些数据可以解释为什么阶级继承"汤匙理论"在韩国年轻人中产生了如此强烈的共鸣，因为它反映了他们在极具竞争性的教育体制和就业市场中每天都在经历的事实。事实上，这些数据仅涉及他们在韩国内部争夺精英大学录取机会的教育不平等的一部分。另一部分是获得全球教育机会的新的不平等。在海外教育方面，阶级效应比国内教育更为显著。正如我们将在下一章中看到的那样，在为他们的子女谋求海外教育方面，富裕家庭比中下层家庭拥有更多的资源。

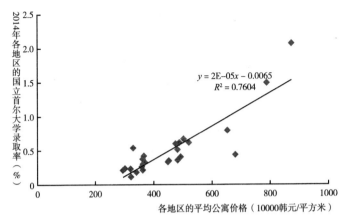

图5.2　公寓价格与国立首尔大学录取率（2014年）

数据来源：Kim（2014）。

在韩国，一个总的发展趋势是阶级与教育机会之间日益显著的深度关联。在这一趋势下，发挥关键作用的社会阶级是富裕中产阶级，因为他们拥有经济资源，使其成员能够比其他阶级的成员更适应不断变化的教育市场。这个阶级是最为重视教育的，因为教育是维系其社会地位的关键。富裕中产阶级和上层阶级之间的一点重要差异在于，后者可以通过财富继承或拥有企业来确保阶级再生产，而专业人员和管理人员家庭的子女必须参与竞争激烈的教育过程，以维持其父母的社会地位。在本章中我们看到的是，富裕中产阶级在推动课后私人教育发展方面发挥了核心作用，从而使韩国的教育过程变得更加紧张、充满压力且经济成本更高。然而，最终每个人都成为这一竞争极其激烈的教育体制的受害者。

第6章　追求全球教育

2005 年 1 月 9 日，《华盛顿邮报》（Washington Post）刊登了一篇关于一个韩国家庭移民到美国的文章。金氏一家定居在马里兰州的一个郊区，家中有一位母亲和三个年龄分别为 4 岁、11 岁和 13 岁的孩子。他们来到美国并非出于经济原因或与家人团聚，而是为了追求更好的教育。有趣的是，这个家庭中的丈夫 / 父亲没有和他们一起来，而是留在韩国工作，以资助这个家庭在海外的生活。正如文章描述的那样，"他们被称为大雁（Kirogi）——被大洋隔开的韩国家庭。父母希望他们的孩子在美国接受教育，但其代价可能是家庭的破裂"（Ly，2005）（在韩国人中，大雁以其对伴侣的终生奉献和飞到很远的地方为雏雁带来食物而闻名）。金氏一家似乎过得不错：三个孩子对在美国新的学校生活很满意，母亲忙于管理孩子们的教育，父亲是韩国一家公司的高管，通过每天的长途电话和每年两三次的探访与他们保持密切联系。把一个家庭分隔在大洋两岸当然会付出情感和经济上的代价，但是"金太太说，当她想到给孩子带来的这些好处时，这种分离是可以忍受的"。

2008 年 6 月 8 日，《纽约时报》（New York Times）刊登了一篇类

似的文章，标题为《为了学英语，韩国人告别了父亲》（"For English Studies, Koreans Say Goodbye to Dad"）（Onishi, 2008）。这是一个关于新西兰奥克兰的"大雁"家庭的故事，报道称"在新西兰，韩国学生是仅次于中国学生的第二大外国留学生群体（超过103000人）"。正如作者指出的，韩国的"大雁"现象不同于传统的移民模式，因为去海外的是妇女和孩子，而不是男人，而且主要动机是教育上的，而不是经济上的。作者解释说，"由于对韩国僵化的教育体制的普遍不满，越来越多的父母希望通过帮助他们的孩子流利地说英语，来给他们的孩子带来优势，同时避免他们自己和孩子承受韩国声名狼藉的教育压力所带来的压力"。

这两篇报纸文章只是国际媒体对韩国"大雁"家庭众多关注中很小的一部分。然而，分离式家庭教育移民并非韩国独有。在中国大陆、台湾和香港，"宇航员"、"卫星儿童"和"降落伞少年"等词被用来指代出于教育目的被送往美国或加拿大的儿童，同时他们也作为随后家庭移民的一条纽带（Ong, 1998; Pe-Pua et al., 1998; Parreñas, 2005; Waters, 2005; Douglass, 2006）。但是，就这种分离式家庭早期留学的规模和强度而言，韩国似乎尤为引人注目。据Onishi（2008）估计，21世纪初，在美国的韩国学龄儿童总数约为4万人。

"大雁"家庭显然是全球化的产物，这种现象在韩国的普遍程度与国家积极拥抱全球化并强调全球教育技能的重要性有关。此外，亚洲金融危机的惨痛经历使韩国人意识到，要想在变幻莫测的经济环境中生存，必须具备全球化技能。本章描述了在全球化影响下富裕中产阶级家庭如何适应全球化教育市场的方式，他们试图制定新的策略来让他们的孩子在教育方面获得竞争优势。

全球化和英语热

全球化影响韩国教育过程的最明显的方式就是使英语能力成为在学校取得好成绩及之后找到好工作的关键技能。在韩国，在朝鲜战争甚至更早以前，英语能力就被视为一种特殊技能，几乎是精英的标志。自1994年金泳三总统宣布实行世界化（*sekyehwa*）（全球化）政策以来，英语能力的价值就大大提高。全球化政策的一个重要部分包括一项提高普通民众英语能力的计划，其具体措施之一是强制学校从小学开始教授英语，而不是等到中学。这一新政策不仅意味着在小学课程中增加了一门科目，也意味着英语将成为孩子们高中入学考试中最重要的科目。小学争先恐后地招聘胜任却供不应求的英语教师，英语教育的质量几乎被视为衡量学校质量的一个替代指标。中产阶级的家长们总是一心想着如何提高孩子在大学入学考试中的竞争力，他们随即采取了应对措施，在孩子很小的时候就开始对他们进行英语教育，最常见的是通过私人补习。

加速这一趋势的是 1997 年袭击韩国的亚洲金融危机。随之而来的产业结构调整以提高韩国的全球竞争力为重点，所有大型企业和政府机构都开始强调其管理人员的全球竞争技能。英语能力是这种全球竞争力中一个必不可少且容易观察的要素。与此同时，韩国工人从亚洲金融危机中吸取的一个重要教训是，为了在这种巨大的经济动荡中生存下来，需要具备额外的技能。英语能力逐渐被视为一个人在新的严酷世界中生存的工具，这种观念促使许多处于职业生涯中期的官员和管理人员花费大量的非工作时间来提高自己的英语水平。

与此同时，危机后迅速全球化的经济使就业市场更青睐高技能的工人。许多跨国公司纷纷在韩国建立子公司，给那些精通英语的人带来了充分的就业机会。随着韩国大型企业集团在运作中变得更加全球化，它们对全球技能劳动力的需求也随之增加。到 1990 年代后期，越来越多的韩国大型企业要求将英语面试作为筛选过程的一部分。即使在许多中小型企业，无论他们是否需要英语，说一口流利的英语也成为必备条件。因此，在新的全球化时代，英语被视为一种基本技能和衡量能力的标准。那些缺乏足够英语语言技能的人被认为已经落伍，缺乏全球商业环境所需的文化和社会能力。

在很短的时间内，韩国社会掀起了学习英语的热潮。这种热潮影响到了每个群体：准备参加私立中学入学考试的小学生，准备参加综合学业考试的高中生，准备工作或接受研究生教育的大学生，以及许多关心升职或保住工作的白领工作者。毫不奇怪，英语热促进了英语教育市场蓬勃发展，特别是由于公立学校在满足需求方面进展缓慢。事实上，英语教育，尤其是高质量的英语教育，是在正规学校之外进行的，这使它对所有家庭来说都是一笔高昂的开支。据估计，2000年代初韩国英语教育市场每年约为10万亿韩元（约合100亿美元）。私人英语培训机构约占2万亿韩元；其余部分涉及海外留学（*Chosun Daily*，2006年1月16日）。而2006年《东亚日报》（*Dong-A Daily*）的一项民意调查发现，80%的小学或中学孩子的家长都在为他们提供某种形式的私人英语教育，家庭平均支出为每年197万韩元（约合2016美元）（Donga.com，2006年3月30日）。

早期留学

很快，中产阶级家庭对教习所提供的英语教育也不再满意。寻求更有效的向孩子逐渐灌输英语的方法的父母意识到必须尽早教授英语，并且最好是在以英语为母语的环境中教授。因此，到1990年代末，出现了将年幼的孩子送到以英语为母语的国家进行早期留学的新趋势。

1980年代后期，出国留学的韩国中学生寥寥无几。但从1990年代后期到 21 世纪初，出国留学的儿童人数急剧增加。根据《韩国时报》（*Korea Times*，2006 年 1 月 3 日）的报道："出国留学的小学生数量从 1998 年的 212 人猛增至 2004 年的 6276 人，增长了近 29 倍。同期，初中生的数量从 473 人增至 5568 人，高中生的数量也从 877人增至 4602 人。"图 6.1 展示了早期留学人数的快速增加，2006 年达到 29511 人，之后开始下降。这是一种全新的出国留学模式，标志着全球化教育新时代的到来。过去，出国留学的韩国人主要是研究生或博士。事实上，直到 1980 年代，送高中生出国留学和给出国留学的子女汇款都是被官方禁止的。

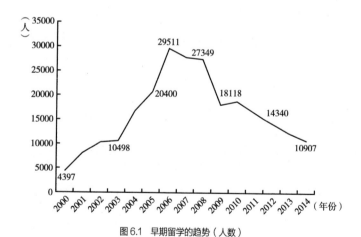

图 6.1　早期留学的趋势（人数）

数据来源：韩国教育统计门户（2015）（https://kess.kedi.re.kr/mobile/stats/school?menuCd=
0101&cd=5498&survSeq=2021&itemCode=01&menuId=m_010105&uppCd1=010105&uppCd2=01
0105&flag=A）。

　　"大雁"家庭的主要目的地是美国，但其他受欢迎的目的地包括加拿大、澳大利亚、新西兰和英国。韩国的中小学生甚至前往印度、菲律宾、新加坡和南非等国家，英语是这些国家受教育人群的标准语言。

　　在1990年代之前，韩国就存在少数这样的分离式家庭。其中大多数涉及被派往海外工作的父亲（很少是母亲），如外交官和企业高管，或在美国或欧洲进行学术休假的学者。到了回国的时候，其中一些家庭决定让孩子留在海外，以便他们在海外继续接受教育。如果孩子太小，无法独自生活，母亲可能会决定多留一段时间。在早期阶段，这些在海外接受教育的孩子大多数回到了韩国，通过政府为驻外外交官、企业高管和其他专业人士的子女提供的特殊通道进入了精英大学。亚洲金融危机之后，这种全球教育的精英策略很快被其他富裕家庭采纳，即使他们没有海外经历或关系。到21世纪初，许多小商业者和独立产权所有者也加入了海外早期英语教育竞赛。在21世纪的第一个十年，无论经济状况如何，中产阶级父母都普遍渴望让自己的孩子出国接受教育。《东亚日报》2006年的一项民意调查显示，1/4的韩国父母表示，如果有机会，他们愿意为了孩子的教育而移民。这种倾向在年轻的家长中更为明显。在孩子上小学的30多岁的家长中，41%的人表示愿意为了孩子的教育而移民，20%的父亲表示愿意成为"大雁"父亲（Donga.com，2006年3月

30日）。

对"大雁"家庭的研究发现了这种形式教育移民的两个主要原因（Cho，2005；Lee and Koo，2006；Kim，2011；Finch and Kim，2012；Shin，2014）。一个原因是对韩国教育体制不满。"大雁"家长抱怨韩国教育竞争太激烈、费用太高、压力太大，并表示希望让自己的孩子远离韩国"压力锅"式的教育体制，让他们在更自由、更有利于教育培养的环境中学习。另一个原因当然是希望孩子们从小学习英语，像母语般流利地掌握英语，因为家长们相信这将为他们在全球化世界中取得成功带来巨大的优势。韩国父母对韩国教育体制的不满是众所周知的，也是有根据的，但直到韩国自由化和积极拥抱全球化之后，中产阶级家庭才有了送孩子出国留学的自由。毫无疑问，即使对大多数中产阶级家庭来说，这也是一件花费不菲的事情。2014年，在美国，支付孩子与母亲的私立学校学费和生活费，不包括课外活动费用，每年需要近1亿韩元（约合9.4万美元）（Lee，2014）。但在亚洲金融危机冲击之后，许多白领和管理人员开始相信，要在当今竞争激烈的环境中生存，需要额外的市场资质，其中英语流利是首要的。他们中的许多人表示，送孩子出国留学是他们能为孩子创造更光明、更有保障的未来所做的最佳投资。

儒家"大雁"家庭?

看到这么多韩国家庭采取如此激进的措施,外国人常常会想,这在一个儒家社会里是如何可能的。从表面上看,韩国的"大雁"家庭似乎与儒家家庭的理想模式相悖。儒家家庭模式强调家庭团结和凝聚力。正如Onishi(2008)所说,"常年分居会导致婚姻紧张,并削弱父亲的角色,而传统上在韩国儒家文化中父亲是家庭的中心"。直到最近,最典型的儒家中产阶级家庭都是父亲在严苛的工作环境中辛勤工作,回到家中得到来自体贴的妻子和听话、乖巧的孩子的安慰。母亲/妻子通常被束缚在家庭领域,她应当照看房子、照顾孩子和公婆。妻子带着孩子搬到很远的地方,而把父亲/丈夫独自留在家里,这种做法似乎完全违背了这一规范。

然而,正如一些学者(Chang,1997,2018;Cho,2005;Lee and Koo,2006;Finch and Kim,2012)所指出的,韩国的"大雁"家庭并没有像乍看起来那样偏离儒家家庭的规范;事实上,正是因为儒家理想的存在才使其成为可能。正如我们所看到的,"大雁"父母的主要动机是为他们的孩子提供最好的教育,这恰恰是儒家思想强调的重要价值观。"大雁"父母之所以愿意在经济、情感和社会方面做出如此多的牺牲,是因为他们深受儒家价值体系的影响,认为教育是获得社会认可和社会成就的主要标准。此外,在儒家思想中,孩子的教育不是个人的事情，而是家庭的一项集体事业。孩子教育的成败被视为衡量家庭在社会荣誉和尊严方面表现的一个标准。因而，中产阶级家庭可能会将早期留学视为维持家庭（上层）中产阶级地位的战略性和必要性投资。这种想法支持并鼓励父母做出牺牲，因为孩子的成功就是他们自己的成功和幸福的源泉。

同样重要的是要认识到，尽管存在物理上的分离，"大雁"家庭通常保持着母亲／妻子和父亲／丈夫之间传统的性别关系。父亲是海外家庭成员的主要养家糊口者和经济来源，享有父权权威。父亲承担起支撑海外家庭的重任，独自生活，忍受着孤独，但这种牺牲支持了他对权威和尊重的诉求。母亲／妻子在陌生的环境中承担着管理孩子教育的艰巨工作，也承受着与配偶分离的情感代价。因此，在分离期间，妻子和丈夫继续履行他们的传统职责。

一项针对在美国的"大雁"母亲的深度访谈观察到：

> 我们的研究揭示了"大雁"家庭与韩国国内家庭的密切关系。"大雁"家庭强调家庭的完整性以及与他们之前在韩国生活的连续性。我们采访过的妻子们都强调她们对婚姻和家庭制度的坚定承诺。"大雁"配偶遵守严格的性别角色，丈夫是养家糊口的人，妻子是家庭主妇，尤其是教育管理者。这些角色是从韩国继承下来的，并且不会因家庭

分离而发生彻底的改变。事实上，许多女性声称她们的家庭关系与以前一样，甚至因这一现象而得到增强。(Lee and Koo，2006：551)

另一项针对留在韩国的"大雁"父亲的深度访谈研究(Lee and Koo，2006)也表明，尽管"大雁"父母在经济上和情感上承受着相当大的压力，但他们之间存在强大的家庭联结和密切的合作。尽管人们普遍怀疑是母亲做出了家庭分离的决定，但"大雁"父亲在选择这场家庭冒险中也发挥了积极和支持的作用：

我们的资料表明，"大雁"父亲并不是被动或不情愿参与这个计划；相反，他们常常为了孩子而主动使家庭分离，尽管他们不得不面对巨大的困难，但他们似乎对自己的决定并不后悔。此外，虽然长时间两地分居，但我们的"大雁"父亲似乎仍然能够与妻子和孩子保持稳定而正常的关系。在某些情况下，父亲对子女教育的远程指导作用会随着他对家庭的情感依恋而增强。(Lee and Koo，2006：551)

这些研究发现表明，出于教育动机而形成的跨国分离式家庭未必偏离了儒家的家庭理想。尽管"大雁"家庭可能看起来很反常，但他们却恪守儒家的核心文化价值观，包括尊重教育、将家庭视为集体利益的单位、对婚姻关系的坚定承诺、传统的性别关系以及亲密的母子关系。正如 Cho（2005）所指出的，"家庭主义的持久文化价值与全球化的结构性力量一样，都推动了跨国家庭的形成"。但我们也必须承认，这种家庭主义在某些重要方面有别于传统形式。Lee 和 Koo（2006：552）指出，"大雁家庭展示了强大的家庭团结，但这种团结是建立在比传统父权模式更灵活、更务实的家庭关系基础之上的"。这一观点与一些韩国学者将韩国的"新家庭主义"视为"工具性"、"适应性"或"灵活性"的观点不谋而合（Chang，1997；Cho，2005）。

"大雁"家庭的衰落

正如我们所看到的那样，从1990年代后期到2000年代后期，"大雁"家庭迅速增加。但有趣的是，从2008年开始，这类家庭数量的增长突然停止并开始下降，如图6.1所示。这一逆转的主要原因显然是2007~2009年的大衰退。在这场全球金融危机期间，许多中产阶级家庭经历了工作不稳定和经济损失，特别是韩元对美元的贬值大大增加了供养海外家庭的经济成本。因此，许多"大雁"父母决定把孩子接回来，让他们重新就读于韩国学校。

但这并不是早期留学生人数减少的全部原因。另一个重要原因是，越来越多的人对在孩子很小的时候就送他们出国留学并让他们从美国或其他外国大学毕业的价值持怀疑态度。一些回到韩国的学生凭借他们的英语能力和国外经验在就业市场上表现出色，但也有许多人并不顺利。到了 2010 年代，当第一批早期留学生获得学士学位返回韩国时，就业市场上已经出现了大量英语水平高的同龄年轻人。这主要是由于韩国国内英语学习机会的大幅增加：出现了许多设施齐全的教习所、家教服务、英语幼儿园以及"英语村"等其他场所，人们在那里住上几天，在母语人士的指导下只说英语。此外，韩国大学的国际化速度也很快。在政府的强力推动下，大多数大学大幅增加了英语授课的课程，并聘请了许多外籍教授和讲师。在一流大学，新聘任的教师现在会定期接受英语教学能力测试，并且有义务在一定比例的课程中使用英语授课。许多大学还与外国大学建立了姊妹大学关系，并把自己的学生作为短期交换生送到这些大学。所有这些制度性变革极大地增加了无须离开韩国即可学习和掌握英语的机会。因此，英语流利渐渐不再是一种稀缺品，从而削弱了海外留学生的优势。

另一个更严重的问题是，许多早年离开韩国并在海外生活了几年的人很难适应韩国的工作文化，与大多数西方工业社会的工作文化相比，韩国的工作文化仍然更加专制、要求过高并带有性别歧视。许多早期留学回国的人并没有在雇用他们的公司待太久。中型企业的适应问题似乎比大型企业和全球化程度更高的企业更严重，因为中型企业的工作文化往往更传统，要求更高。此外，那些从小出国留学的人，并没有发展出对于最初的求职以及后来的职业流动非常重要的社交网络。他们中的大多数人往往过度依赖家庭网络，而不是韩国学校网络。最近一项针对韩国留学归国人员的研究发现，为了在回国后成功进入韩国就业市场，拥有"本土文化资本"（不仅仅是社会关系）对他们来说非常重要（Jarvis，2019）。总体而言，那些在韩国的大学毕业前出国留学的学生比那些在韩国的大学毕业后出国留学的学生更难找到令人满意的工作。据此，Jarvis（2019）认为，本土文化资本与全球文化资本的适当结合对于在韩国获得职业成功至关重要。Waters（2009）在对回中国香港的海外毕业生的研究中提出了类似的观点。她认为，"海外资历"需要一定程度的"社会资本"（基本上是社会关系），以使这些资历"增值"，即在本土劳动力市场中被赋予价值并得到回报。

全球教育策略化

我们已经看到，早期留学在 2010 年代开始失去热度。但这并不意味着韩国父母为他们的孩子提供海外教育的热情减弱了很多。只要英语能力和国外学位的价值仍然很高，这种变化就不太可能发生。近年来，发生变化的不是对全球教育的热情，而是全球教育的方法，这种方法变得更加明智、更具策略性和多样化。

早期留学在韩国仍然流行的一个重要原因是它为富裕家庭提供了一种便捷的方式，可以避免他们的孩子在韩国的教育竞争中可能遭遇的失败，但这种方式代价极高。如果父母有一个在学校表现不佳从而不可能进入韩国精英大学的孩子，那么，他们的选择是将孩子送到美国、加拿大、澳大利亚或新西兰，并让他们在那里上小学或高中，然后升入大学。这对于上层中产阶级父母来说是一种保全面子的策略。一位家长（他本人是韩国排名靠前的大学的毕业生）告诉我，他曾担心自己的儿子可能无法被首尔的一流大学录取，而不得不去郊区的二流大学上学。如果那样的话，他和妻子会非常尴尬，所以他决定在儿子上高中二年级的时候把他送到美国。他的儿子从美国的一所高中毕业，并顺利进入了一所美国十大联盟高校。因此，尽管付出了很高的经济成本，但这些父母有充分的理由对他们为孩子做出的决策感到满意。

事实上，许多富裕的中产阶级父母正在采用一种次级策略作为更理想的国内路径的替代方案，即进入大元外国语高中（Daewon Foreign Language School）和民族史观高中（Minjok Leadership

Academy）等最负盛名的私立高中，然后顺利进入国立首尔大学或
SKY 大学中的另外两所大学。我访谈的一位学生告诉我，后者是
"黄金之路"，是大多数中产阶级父母梦寐以求的路径。所有激烈的
教育竞争都是为了这个目标。但现实是，只有极少数学生能够走上
这条"黄金之路"，因为每年被 SKY 大学录取的学生人数不到高中
毕业生总数的 3%。因此，97% 的高中毕业生注定要失败，要么接受
较低层次大学的录取，要么选择等待一年后再尝试。事实上，韩国
学院蓬勃发展的一个重要原因，就是那些在下一年参加大学入学考
试的复读生会选择去学院学习。面对这一现实，全球化教育市场为
富裕的中产阶级家庭提供了便捷的第二选择。对他们来说，就读于
美国一所不那么知名的大学比就读于韩国的二流大学更容易接受。
当然，这种策略会花费父母很多钱，但有了这笔经济投资，他们的
孩子可以获得美国或其他西方发达国家更体面的学位而不是拿一个
略显二流的韩国学位。这意味着，早期留学可以为他们的孩子提供
一种避免向下流动可能性的手段。Waters（2005）在中国香港观察到
了类似的模式。

　　另一种流行的做法是让孩子们早期留学一小段时间，然后将他
们带回国内，在韩国完成学业。这种策略有许多优点。孩子回国后
将掌握流利的英语，这有助于他们在竞争名牌高中时更胜一筹，因
为名牌高中比其他学校更重视英语能力和国外经历。学者、外交官

和企业经理在海外任职数年后，就会采用这种最有效的策略。在韩国学术界，休假期间去美国或其他英语国家几乎成了必要事项，与其说这是为了他们自己的学术目的，不如说是为了子女的教育。在休假结束后，父母中的一方（通常是母亲）可能会决定再多留一年或两年，这样孩子就可以更长时间地沉浸在英语环境中。毫无疑问，那些父母受过高等教育的孩子，如果在很小的时候就有出国留学的额外优势，那么在进入韩国精英学校的竞争中一定会表现得更好。看起来，大多数著名私立学校（如大元外国语高中和民族史观高中）的学生至少都有过一些海外教育经历。其中一所学校的一名毕业生告诉我，她在七年级时发现几乎所有同学都出过国，这让她感到非常震惊。有一天，她的老师问全班同学有多少人出过国，除了她和其他几个人外，几乎所有的人都举了手。听到这个故事，她的父母（小商业者）很快决定尽快让她出国旅行一次，于是那年夏天他们带她去泰国进行了一次短期旅行。

虽然韩国学生不断涌入英语国家，但近期的一个重要现象是中国作为留学目的地的崛起。韩国经济对中国市场的依赖程度日益加深，中国在韩国教育流动中所扮演的角色日益重要。过去15年间，赴中国的韩国留学生人数迅速增加，从2004年的26784人增加到2010年的64400人，2014年略有下降，为63937人〔2014年，在中国的韩国学生人数接近在美国的韩国学生人数（为74098人）〕。当然，与美国或其他西方国家相比，选择中国的主要优势是地理位置相近，并且学习成本较低。1990 年代，当韩国学生开始涌入中国时，主要原因是出于成本考虑及进入中国重点大学的便利性。但是，人们仍然认为到中国学习不如到美国或欧洲学习，并且学习英语在过去和现在仍然被认为比掌握中文更有价值。因此，很多去中国的韩国学生，特别是来自富裕家庭的学生，都在中国就读外国语学校或强调学习英语的学校。但近年来，随着韩国和中国经济关系的加深，许多韩国家长开始重新思考学习中文和发展与中国的关系的价值。如果不适合专业人士的话，至少适合商务人士，到中国留学可能不再是第二选择。

关于这一点，能够有所帮助的是观察上层中产阶级内部不同群体对于英语语言技能和海外教育态度的有趣分歧。在荷兰进行的一项有趣的研究中，Weenink（2007）发现，上层中产阶级的两个群体（传统精英和新兴精英）之间存在不同的教育选择模式。传统精英家庭更倾向于把他们的孩子送到传统的精英学校（文理高中），新兴向上流动的精英家庭则更有可能把他们的孩子送到国际学校。Weenink 认为，这两种教育选择的存在——传统形式与新的全球化形式——源自这两个荷兰上层中产阶级群体所拥有的不同权力资产。对于新兴精英群体，他们的权力基础更多的是全球性的，而不是本土性的，选择国际学校是有意义的。而传统精英群体的权力则是基于历史悠久的资产和社会声望，而不是全球性资源，他们仍然更愿意把自己的孩子送进文理高中。

在韩国也可以观察到类似的差异模式。江南两个地区的居民在对国内教育与国际教育的态度上形成了有趣的对比。一个是大峙洞地区，这里汇聚了许多顶级的学院和家教服务；另一个是狎鸥亭洞地区，这个地区以其高档百货商场、精品店和咖啡馆而闻名。尽管这两个地区的居民都属于韩国的上层中产阶级，但他们对孩子教育的选择似乎有所不同。大峙洞地区的家长的主要教育目标是让孩子先进入一所精英私立高中，然后去国立首尔大学或其他精英大学，最后去美国攻读专业学位；与此同时，许多狎鸥亭洞地区的居民似乎都选择早期留学，而不是选择一条更为严酷和竞争激烈的国内教育道路（江南最富裕的地区清潭洞，在这一点上与狎鸥亭洞非常相似）。这种差异反映在两个地区占主导地位的私人教育机构的类型上。大峙洞地区拥有众多以大学入学考试为目标的学院（以顶尖大学为目标）；而狎鸥亭洞地区有许多顶级的咨询公司，专门从事留学项目。这种差异可能源于两个地区的职业构成不同。大峙洞地区有更多的专业人士和管理人士，狎鸥亭洞地区有更多的商人和独立产权所有者。生意人和富有的产权所有者不太关心通过教育进行阶级再生产，这是可以理解的，因为他们可以将企业所有权或产生收益的财产传给自己的孩子。因此，他们对教育的态度更为放松，可以鼓励孩子在国外度过一段有趣的时光，并带回全球化的经验和文化技能。相反，专业人士和管理人士知道，只有通过教育，他们的孩子才能继承父母的特权地位，所以他们对孩子的教育资历更加重视。

然而，在韩国的语境中，大峙洞地区和狎鸥亭洞地区之间的差异，或者说专业／管理阶级与资产阶级或小资产阶级之间的差异，绝不能被过分夸大。在韩国竞争极其激烈的教育环境中，家长们依赖任何一种特定的教育策略，无论是国内的还是全球化的、民族的还是世界主义的，都是不明智的。正如早期留学的案例所揭示的那样，在不断变化的经济环境中，任何特定策略的优点和缺点都可能会迅速改变。在2000年代初看似明智的策略，到2000年代末，却变得值得怀疑，尽管这在一些家庭中仍然很受欢迎。因此，韩国的上层中产阶级父母对他们做出的教育选择始终感到焦虑，永远不能确定他们是否被其他父母超越。在江南蓬勃发展的许多私人咨询服务机构会抓住他们的脆弱性。但即使是选择正确的咨询服务也不容易，需要特别的信息。所有这些责任通常落在母亲身上，给这些所谓的教育妈妈带来了巨大的焦虑。尤其是江南妈妈，处于追求全球教育的最前沿，尽管她们在经济和信息上具有优势，但在管理孩子的教育方面，她们的不确定性和焦虑甚至比普通的中产阶级母亲更严重。

作为文化资本的世界主义

在韩国完全向世界开放之前，所谓的全球化技能相对简单，主要涉及英语语言能力和外国学位。但随着经济和社会全球化程度的加深，就业市场和社交圈越来越需要与重视的是更广泛的文化知识和技能，以及通过丰富的海外旅行和教育经历培养出来的文化品位和生活方式，这就是所谓的世界性文化资本。所以，世界主义是一个有用的概念，可以用来思考全球化如何给当今韩国社会的职业成功和社会区隔带来新的文化资格。

在文献中，"世界主义"指的是某种道德、伦理和哲学取向。在这个概念的一个经常被引用的定义中，Hannerz（1990：239）指出，"更名副其实的世界主义首先是一种取向、一种与他者交往的意愿。这是一种智识和美学立场，对不同文化经历持开放态度，寻求差异而非统一"。所以，世界主义者被描述为那些拥有"经过培养的超然于限制性身份形式之外"的人（Anderson，1998），或者是在其他民族文化以及自己的文化中都能如鱼得水的人。从更为政治性的意义上来说，世界主义者是"效忠于人类的全球共同体的人"（Nussbaum，1996：4）。

众所周知，世界主义在很大程度上是一种源自精英主义世界观的西方文化建构。这一建构的理想来自19世纪的知识分子和艺术家，他们聚集在巴黎、罗马、伦敦等著名的全球城市，创造和享受文学、艺术与音乐等形式的高雅文化。近年来，这种精英主义的世界主义观受到了挑战。James Clifford（1988：263）在对世界主义西方偏见的尖锐批评中指出，"那种凌驾于文化特殊主义之上的特权，那种渴望拥有为人类代言的普遍主义力量的特权……是由整体主义的西方自由主义建构出来的"。许多学者指出，就对外国人和其他文化的文化开放性而言，在移民工人和其他在种族混杂社区工作与生活的工人阶级中很容易发现这一点。因此，一些新的术语被提出来描述西方精英圈子之外"实际存在的世界主义"，例如"差异性世界主义"（Clifford，1992）、"本土世界主义"、"平庸世界主义"、"工人阶级世界主义"等（参见 Malcomson，1998；Robbins，1998）。

在我看来，在大多数关于实际存在的世界主义的讨论中缺少的是非西方欠发达社会对世界主义最典型的理解。在这些社会中，世界主义通常表达了成为先进西方文明一部分的愿望和追求。与许多其他社会一样，韩国的世界主义通常与丰富的海外旅行经历和教育经历以及基于这些经历形成的文化知识和品位相关联。世界主义还包括应对外国文化和全球制度规则的能力。然而，他们的文化开放主要是针对西方发达国家的。因而，这种世界主义不同于早期知识分子心目中的世界主义，即超越地域身份认同，不考虑国籍、种族和宗教，真正向他者开放。由于缺乏这种人文理想或承诺，我们在韩国看到的世界主义只是一种生活方式，而不是伦理或道德性质的。

我相信在大多数非西方欠发达社会中也存在类似的以西方为导向的世界主义，从世界体系的角度来看这是合理的。正如世界体系理论家所认为的，世界资本主义体系根据经济、政治和文化力量划分为三个区域：中心、边缘和半边缘（Wallerstein，1974）。许多来自边缘／半边缘国家，受过高等教育、渴望成为世界主义者的居民，都希望采纳中心国家大都市流行的文化和生活方式。当今时代，世界经济一体化日益紧密以及跨国公司的主导地位使他们必须获得中心国家的技能和文化素养以实现职业成功。具体而言，这涉及如下文化资格：英语流利程度，美国、加拿大、欧洲或澳大利亚的大学学位，在这些国家的工作和生活经历，熟悉发达经济体的制度规则以及拥有跨国的朋友网络。这正是数以万计有抱负的亚洲学生到北美和西欧求学与旅行的原因。

这一讨论引导我们思考世界主义的另一个重要方面：作为文化资本的世界主义。现实世界中的世界主义不仅仅代表一种哲学或伦理立场，同时还涉及一套知识和文化技能，据此形成了所谓的文化资本。一些学者已经意识到世界主义的这一方面。例如，Hannerz（2006：16）写道："在这种观点中，世界主义的文化取向伴随着更多的正规教育、更多的旅行、更多的休闲以及物质资源，以便培养对文化形式多样性的认知。"能够获得这种文化能力的人是那些具有一定物质和智力手段的人。Calhoun（2003：443）还指出，世界主义的获得"往往是通过资本——社会资本、文化资本以及经济资本"实现的。他甚至认为世界主义代表"经常旅行者的阶级意识"。

但是，在新兴工业社会，世界主义更多地被视为文化资本的一种形式。许多学者将从东亚新兴工业社会向北美、欧洲和澳大利亚教育移民数量的不断增长描述为对世界主义文化资本的追求（Park and Abelmann，2004；Matthews and Sidhu，2005；Waters，2005；Koo，2010；Kim，2011；Jarvis，2019）。考虑到世界主义是文化资本的一种形式，不妨回顾一下布尔迪厄对制度化文化资本和具身化文化资本的区分。前者意味着由机构授予或认证的文化技能，例如学位、证书和执照；后者涉及语言技能、文化品位、举止、欣赏高雅文化的能力等，这些需要较长时间来获得并需要具体体现出来。我们可以在任何社会中找到这两种类型的世界主义文化资本。在韩国，我们已经看到全球化大大提高了英语能力和外国学校学位的价值。全球化教育体制在这一过程发挥了至关重要的作用。正如Igarashi和Saito所指出的那样，当世界主义通过教育体制被制度化时，它就能成为强大的文化资本。他们认为，"教育体制使世界主义合法化，这是一套对外国他者和文化持开放态度的倾向，以及轻松实现这种开放的能力，这是生活在全球化世界的人们普遍渴望的"（Igarashi and Saito，2014：12）。

世界主义文化资本的一种更微妙的体现形式也非常重要，特别是对社会上层来说。Hannerz（2006：16）在谈到这种具身化文化资本时指出，"从布尔迪厄的视角出发，我们可以发现世界主义的品位和知识在精英竞争性的区隔游戏中充当着符号资本"。Weenink（2008：1092）也认为，世界主义代表了一种社会/文化资本，并特别强调了其具身化（惯习）性质，即"身体和心理的预设倾向与能力，这些预设倾向与能力使人们能够自信地参与到跨国领域的社会交往中"。

一般来说，获得具身化文化资本通常比获得制度化文化资本需要更多的时间和资源。全球化早期阶段强调的世界主义文化资本很可能是全球化技能的制度化形式（例如，英语流利程度和外国学位）；但在全球化后期阶段，我们观察到，作为上层中产阶级的阶级区隔的标志，具身化世界主义文化资本（例如，高雅的西方导向文化品位、语言模式、生活方式和举止）似乎更重要。

这同样适用于韩国。当韩国父母送孩子早期留学时，他们不仅仅期望自己的孩子在美国或其他东道国学业有成，同时还期望孩子通过全面了解东道国的文化，获得广阔的世界视野，并能自如地与外国人和外国机构打交道，从而获得许多其他文化技能。这一系列的文化技能不仅仅涉及制度化文化资本。如今，韩国出现的一个新的趋势是，具身化世界主义文化资本在获得专业 / 高层管理职位以及被认可为社会精英成员方面变得越来越重要。

结 论

本书探讨了韩国中产阶级在新自由主义全球化时代经历了何种经济和社会变革。本书的主要旨趣是研究近几十年来不断加剧的不平等如何导致中产阶级内部构成、内部阶级动态和阶级认同发生重要变化。我并不是将中产阶级视为一个固定的范畴，而是将其视为一个由个体和家庭构成的流动性较强且有些还不太明确的群体，他们在社会中占据大致相似的经济地位。我还将中产阶级视为一个社会空间，在这个空间中，随着经济不平等的增加，对地位、特权和安全感的竞争越发激烈。因此，中产阶级为我们提供了一个观察社会中正在发生的重要社会变迁的窗口。

　　与其他发达经济体一样，韩国中产阶级在经济上受到挤压，规模不断缩小。但本书的重点是中产阶级如何在内部发生分化，少数人从全球经济变革中受益，绝大多数人则深受其害。这种内部分化为韩国社会注入了新的复杂动力，因为新兴富裕群体试图将自己与其他中产阶级区分开来，并建立新的特权阶级地位。本书探讨了这些紧张关系如何在三个领域发挥作用：消费与生活方式、居住隔离以及教育实践。在这三个领域，富裕群体的主导取向是保留他们新获得的特权并将其传给自己的孩子。其他中产阶级试图追随富裕群体的阶级实践，他们承受着巨大的焦虑和挫败感，并发现自己与少数富裕群体之间的差距不断扩大。富裕群体在享受全球化带来的许多新机遇的同时，也承受着巨大的焦虑。这主要是因为维持地位的成本不断上升，以及在这个就业极不稳定的时代难以确保子女的阶级再生产。

我分析的重点在于新兴富裕群体，因为他们在引领中产阶级内部发生的许多变化中扮演着主导角色。韩国新兴富裕群体的出现是新自由主义全球化时代经济不平等日益加剧的产物。正如我们在第2章中看到的，在1960年代到1990年代中期快速工业化的过程中，韩国保持了相对较低的收入不平等水平。中产阶级在这个时期快速扩张。但自亚洲金融危机以来，收入分配开始逆向转移。随着中产阶级的萎缩，不平等现象也不断加剧。在亚洲金融危机和2007~2009年全球金融危机之后，韩国经济复苏并成功地沿着新自由主义和全球资本主义的发展模式前进，同时其生产体系变得高度资本化和技术密集化。然而，在经济转型的同时，不平等现象也在加剧，这通常被称为经济两极分化。

大量研究（参见 Stiglitz，2012；Piketty，2014；Milanovic，2016）聚焦发达经济体的国民收入高度集中在收入最高的1%的群体或者更引人注目的0.1%或0.01%的群体。美国收入最高的1%的群体不仅超级富有，而且影响力巨大，Stiglitz（2011）甚至将美国描述为"由收入最高的1%的群体组成的、由收入最高的1%的群体支配的、为收入最高的1%的群体服务的"社会。但同样重要的是，要认识到许多社会中收入最高的1%的群体以下存在另一条重要的分界线。Reeves（2017a：6）最为清晰地表达了这一点："蓬勃发展的不仅仅是'上层阶级'。美国社会在更广泛的领域都表现良好，并正在摆脱困境。"他的分析表明，近几十年来收入最高的10%~20%的群体所占的收入份额增加了，而中等收入群体的收入则大幅下降。

韩国过去20年的收入分配呈现与美国相同的模式。与美国及许多其他发达经济体一样，近几十年，韩国收入不平等的主导模式是收入异常集中在最高层，即收入最高的1%或0.1%的群体。但与此同时，韩国的数据也表明，在过去20年中，收入最高的10%~20%的群体的收入快速增长，而其他人则经历了收入下降或停滞。因此，我们可以将韩国的经济两极分化视为两个层次：第一个层次是收入最高的1%的群体和收入最低的99%的群体之间的分化；第二个层次是收入最高的10%~20%的群体和收入最低的80%~90%的群体之间的分化。本书主要关注第二个层次经济两极分化的社会影响。第一个层次的经济两极分化当然非常重要，因为超级富豪们掌握着影响经济和政治制度的巨大权力。但是我选择关注第二个层次的经济两极分化，因为这种不平等与理解社会中层不断变化的阶级关系直接相关。

在大多数传统经济分析中，收入最高的10%~20%的群体通常被视为高收入群体。经济学家喜欢将他们的收入增长与后面四个收入十分位组的收入减少进行对比，以此来佐证"中产阶级挤压论"。但在本书中，我认为将收入最高的10%~20%的群体视为中产阶级的一部分，更具体地说是上层中产阶级或富裕中产阶级更为恰当。从这个角度来看，在低收入群体收入下降的情况下，通过收入最高的10%~20%的群体的崛起可以更好地理解中产阶级内部正在发生的分化，而不是中产阶级的整体衰落。我认为收入最高的10%的群体构成了上层中产阶级。用收入最高的10%或20%的群体甚至收入最高的5%的群体来确定上层中产阶级有些武断。然而，正如我在第2章中指出的：如果我们同时将收入和财富（而不仅仅是收入）作为阶级地位的衡量标准，那么将收入最高的10%的群体作为上层中产阶级的代表更为合理。

然而，我在本书中的主要兴趣并不在于对韩国的阶级结构提出任何精细的分类方案，也不在于寻找经济两极分化的成因，而是探讨经济两极分化对中产阶级乃至整个社会的影响。为了研究中产阶级因不平等加剧而发生的阶级动态变化，我将注意力集中在社会生活的三个方面：消费与生活方式、居住隔离和教育实践。从分析的角度来看，消费与生活方式和居住隔离方面发生的现象代表了一种阶级区隔的过程，其表现形式是富裕中产阶级渴望将自己与普通中产阶级区分开来。而在教育领域正在发生的事情可以被理解为阶级再生产的斗争，是富裕的父母企图通过教育实现精英的代际传递和再生产。从这三个方面我们可以看到中产阶级内部不平等的扩大如何导致一种新的地位竞争模式，以及一种新型的争夺优势地位或不甘落后的斗争。中产阶级的性质及其对社会的意义也在这个过程中发生了变化。

消费是现代社会阶级区隔最明显的领域之一。韩国新兴富裕群体首先利用炫耀性消费来区别于普通中产阶级。1980 年代初，国家解除了对消费品的进口禁令，并允许奢侈品从国外进入，新兴富裕群体利用消费区别于普通中产阶级的现象逐渐凸显。营销行业很快引入了"名品"（意味着高质量的商品）的标签，以将奢侈品与国内生产的商品区分开来。名品标签被贴在各种带有顶级品牌标志的进口奢侈品上，例如路易威登、古驰、香奈儿、普拉达、爱马仕等。韩国消费者对名品的狂热持续了一二十年后开始慢慢消退。当时，大多数传统名品已经在中产阶级中普及，尽管大多以假货的形式存在，并且不再是富裕中产阶级的身份标志。这促使富人去寻求更昂贵和更具声望的名品，或尝试寻找更稀有、更独特、普通消费者无法承受的商品。

随着奢侈品标准的不断提高，阶级区隔出现的另一个领域是中产阶级生活方式中不那么引人注目但更具实质性的领域。从 1990 年代开始，健康生活成为富裕中产阶级家庭的主要追求。他们对有机食品和许多进口保健食品产生了浓厚的兴趣。中产阶级的购物模式也发生了变化。富人更喜欢在只出售优质商品的商店购物，或者直接从生产商那里订购定制产品，而其他人则在社区超市购物。针对富人的食品质量不断提高，而韩国超高效的送货上门系统也让他们足不出户就能轻松享用美食。新冠疫情使这个领域的阶级差异变得更加明显。富人可以通过电话或互联网，使优质的食物和预制食品被快速送到家中，而大多数其他中产阶级则继续依赖传统方式在拥挤的超市购物。与美国一样，韩国的消费市场逐渐分化为高端市场和低端市场，更加注重为富裕群体生产商品、提供服务，而牺牲了其他中产阶级和下层阶级的利益。因此，后者被迫跟随富裕群体的消费模式，从而使家庭负担更加沉重。

近年来出现的另一个有趣的趋势是韩国人对外貌的痴迷，他们愿意花费大量的金钱和时间来获得漂亮的外表及看起来年轻的皮肤。追求奢华和高地位的理念越来越多地延伸到健康和身体保养领域。如果说不久以前奢侈意味着对奢侈品的拥有，那么现在奢侈意味着如何使用奢侈品以及如何随身携带它们。为了获得较高的地位，现在需要拥有保养良好、相对苗条且看起来精致的身材。这种新趋势得到了韩国声名远播的整形手术和护肤服务的积极推动。无论富人还是不那么富裕的人都成了这一新趋势的"俘虏"，并花费了超出他们实际需求的金钱。但很显然的是，他们接受的服务是根据他们的收入水平来划分等级的。

与消费相关，近年来居住隔离已经成为韩国的一个重要现象。在这一点上，江南的出现尤为重要。江南是国家积极推进城市规划的产物，旨在建造一座最现代化、最全球化的城市来向世界展示韩国的经济奇迹。国家对该地区的基础设施进行了大量投资，并出台了多项支持政策，以在短时间内加速该地区的建设。此外，国家还运用权力将精英高中和主要文化设施从江北迁至江南，以吸引中产阶级居民迁居江南。

一旦江南作为一个新城市（位于首尔市区内）开始成形后，那里的房价就开始快速上涨。过去 40 年，江南房价的上涨速度一直快于全国其他地区。因此，那些很早就搬到江南的人从该地区持续上涨的房价中受益颇丰。江南房价持续上涨的最重要的诱因是好学校和一流私人教育设施（学院）的聚集。考虑到补充私人教育对进入韩国精英大学的重要性，尽管该地区的房价过高，但中产阶级家庭还是热衷于搬到这个地区。

在发展早期，江南主要以时尚消费地而闻名。所有时尚和奢侈品消费的新趋势都始于这里，江南繁华的街道上遍布高级餐厅、咖啡馆、酒吧、精品店、美发厅、美容诊所和娱乐场所。但进入 21 世纪以后，江南逐渐成为一个高科技和全球商务中心，吸引了许多国际金融公司（银行、保险公司、投资/会计服务公司）和全球品牌产品的旗舰店。因此，从很多方面来说，江南已经成为一座成熟的全球化城市，为年轻人提供了更好的就业市场机会，尤其是在全球化领域获得更理想的专业/技术工作机会。

到21世纪初，江南已成为全国的样板城市，那里拥有许多城市居民向往的美好事物：优越的基础设施、优质的学校和顶尖的学院、最现代化的居住环境，最重要的是房价持续上涨。因此，尽管江南文化中存在物质主义和庸俗的一面，但居住在江南尤其是居住在较富裕的社区仍被视为一种特权。因此，非江南居民以羡慕和嫉妒、钦佩和怨恨的眼光看待江南人。无论喜欢与否，大多数韩国中产阶级人士都希望搬到江南，至少是为了孩子的教育。但鉴于该地区目前的房地产市场情况，普通的中等收入者现在几乎不可能搬到江南。从许多方面来看，江南地区和非江南地区之间的这种流动障碍表明当今韩国中产阶级中的富裕特权群体与其他中产阶级之间的阶级界限日益明显。

在研究了通过消费与生活方式和居住隔离产生的阶级区隔之后，我重点关注了教育领域中不断变化的阶级实践。由于文化和历史原因，韩国发展出了一个等级森严、竞争激烈的教育体制。然而，在快速工业化时期，这一教育体制为韩国人提供了大量向上流动的机会，使他们得以跻身中产阶级行列。然而，近年来，教育不再扮演这样的角色，而是成为许多人产生不满、沮丧和焦虑情绪的原因。我尝试通过关注韩国教育体制发生的三个重大变化来解释这一现象：一是补充私人教育（或学院）的扩张及其对公立教育体制的支配地位；二是新自由主义的崛起及其对教育过程的影响；三是全球化在改变教育的形式和内容方面，以及在教育竞争领域发挥的作用。

过去几十年来，韩国教育发展最重要的方面是补充私人教育（或学院）的扩张及其对公立教育体制的支配地位。我将这一现象解读为富裕中产阶级相对于平等主义国家力量的增长。富裕中产阶级家庭抵制国家创建平等主义高中制度的尝试，并转而购买课后私人教育，以便在精英大学入学竞争中为自己的孩子赢得优势。其后果就是私人教育产业的异常扩张。随着时间的推移，在决定学生能否进入精英大学方面，补充私人教育变得比公立学校教育更为重要。这意味着父母购买优质补充私人教育的经济实力成为决定孩子在教育竞争中获得成功的关键因素。

除了这些内部因素外，近年来还有两个外部因素使韩国教育变得更具竞争性、成本更高且更加依赖学生的阶级背景。其中一个因素是新自由主义作为主导意识形态的崛起，另一个因素则是韩国经济的全球化。亚洲金融危机之后，新自由主义成为指导韩国经济发展的主导意识形态。但它的影响并不局限于经济领域。21世纪，新自由主义意识形态的强大影响力逐渐蔓延至教育领域。过去那种教育平等和国家控制教育的进步主义意识形态逐渐被全新的，强调竞争、绩效、灵活性和选择自由的新自由主义价值观取代。其结果是：事实上终结了政府的高中平准化政策，并使过去被官方禁止的私人课外教育合法化。大学效仿美国模式，采用了一种新的招生政策。这一政策强调写作技能、推理能力和多样化的教育资历。因此，学生必须努力在校外积累各种形式的教育证书。为了打造令人印象深刻的简历［韩语新词称为"规格"（"spec"）］，学生更多地依赖私人教育服务，并参与各种课外活动，而这些都需要金钱和信息。自然而然地，来自富裕专业技术人员和管理人员家庭的子女比普通中产阶级家庭的子女在教育领域享有更大的优势。

除了新自由主义外，全球化对近期韩国教育过程的重塑也产生了重大影响。在迈向全球化之后，韩国发生的最显著的变化是：英语和全球技能开始作为职业成功的关键教育资历兴起。这一趋势引发了幼儿教育移民潮。幼儿往往在母亲的陪同下前往英语国家。显然，富裕家庭主导了这一全球教育策略，但不太富裕的中产阶级家庭也在跟随这一策略，尽管这样做意味着玩一场输不起的游戏。寻求全球教育不仅仅是为了在国外知名大学获得更好的教育，同时也是为了购买更体面的外国学位来避免在国内教育市场上的失败。因此，不断扩张的全球教育市场意味着富裕的专业技术人员和管理人员家庭获得了更多的教育机会，而经济脆弱的中产阶级家庭的劣势则进一步加剧。

总之，在过去的40年里，韩国的教育体制发生了许多变化，这些变化是由私有化、全球化和新自由主义的崛起推动的。这些力量使韩国的教育体制变得更加复杂和竞争激烈，并扩大了父母的阶级资源在决定子女教育成败方面的影响力。过去，经济资本在帮助子女方面发挥了重要作用；而现在，在新自由主义全球化世界中，社会资本和文化资本（社会网络和知识）变得更加重要。多年来，政府出台了许多政策来改善教育环境。然而，尽管这些政策变革的意图是良好的，但大多数政策最终在新兴上层中产阶级的阶级利益面前被击败或扭曲。最终的结果是：出现了一个极其复杂、导致焦虑和阶级依赖的教育体制。

然而，全球化环境中日益激烈的阶级竞争并不总能为富裕群体带来利益和成功。尽管他们更有优势，但在这个全球化时代他们也不能避免经济变革带来的日益增加的焦虑和不确定性。下层中产阶级所经历的经济不稳定和相对贫困是很容易理解的。但有趣的是，富裕中产阶级的焦虑和沮丧并没有减少。他们的焦虑来源有所不同，因为他们需要在不断升级的地位竞争中保持领先地位，并在日益私有化和全球化的教育市场中不断为孩子寻找更好的教育机会。虽然他们投入了大量的时间和金钱，并为子女的教育收集信息，但这并不能保证这些投资一定会有回报，因为韩国的就业市场变得更加紧张、竞争更加激烈。从某种意义上说，韩国中产阶级的所有成员都陷入了 Brown（2003：142）所说的"机会陷阱"，即"中产阶级家庭正在采取更加不计成本的措施来赢得地位优势。他们必须跑得更快、跑更长的时间，才能站稳脚跟……如果所有人都采取同样的策略，就没有人能走到前面"。Brown 在英国的背景下描述的情况与今天韩国的情况完全相同。尽管富裕全球中产阶级可能被认为是全球化竞争游戏的赢家，但通过全球化策略进行阶级再生产的成本实在太高，回报也非常不确定。因此，新自由主义全球化的赢家和输家都深受焦虑和挫败感的困扰。

中产阶级的内部分化及其成员之间日益激烈的竞争对韩国中产阶级的阶级认同产生了重要影响。过去，在很大程度上，人们对中产阶级的社会意义的理解是没有问题的：它被广泛地理解为一个阶级，指的是经济宽裕、享有一定的自由支配空间并能够参与主流社会与文化活动的个人和家庭。同时，人们有一个共识，即需要满足哪些社会经济标准才能属于这个阶级。但随着中产阶级内部的日益分化，特别是富裕特权群体的崛起并逐渐与更大规模的中产阶级分离，今天谁真正代表中产阶级变得越来越不明晰。富裕家庭的生活方式和社会流动策略逐渐成为受人尊敬的中产阶级成员的标准。与此同时，大多数中产阶级人士由于工作不稳定、物价上涨、家庭债务增加而感到压力增大，他们深感沮丧和焦虑，不得不怀疑自己是否还属于中产阶级。但是，那些有幸看到自己的收入和金融资产不断增长的人意识到，他们与其他大多数中产阶级人士的共同点越来越少，并渴望将自己与普通的中产阶级区分开来。因此，中产阶级的顶层和底层都在逐渐瓦解：富裕特权群体向上流动，他们可能更愿意认同自己是上层阶级或全球中产阶级；而处于底层的人则向下流动。即使是稳定的中间层（或中产阶级的中层）成员也开始不确定自己的地位，因为他们的经济状况在下滑，相对于上面的少数富裕群体，他们产生了相对剥夺感。在大多数人（包括那些本来可以成为中产阶级核心成员的人）看来，现在，富裕群体似乎才是韩国真正的中产阶级。总之，新自由主义时代的经济变革使韩国的中产阶级日益两极分化、界限模糊不清和虚无缥缈。显然，它已经不再像过去那样是相对同质化的、动态的和实现向上社会流动的阶级了。

　　从广泛的理论角度来看，本书关注的是阶级区隔问题，皮埃尔·布尔迪厄对此提出了一套详尽的理论。布尔迪厄的理论思想在很多方面都对我的分析产生了影响。他把阶级概念化为基于三种形式的资本——经济资本、文化资本和社会资本——的分配，并且不同形式的资本可以相互转化，如经济资本可以转化为社会资本或文化资本，反之亦然，这有助于我分析韩国不断变化的阶级关系。与布尔迪厄一样，我将中产阶级视为一个社会空间概念而不是一个有明确界限的固定范畴。我的目的是研究随着全球化时代不平等的加剧，社会空间的中间地带发生了什么。我认为，中产阶级中的富裕群体所采用的许多新的阶级实践可被理解为将其经济资本转化为社会资本和文化资本的努力。

然而，布尔迪厄的阶级区隔理论主要侧重于文化和符号过程，尽管他坚持认为经济资本始终是符号权力的根源。他对阶级区隔的解释中最重要的是他独特的惯习概念。惯习是一种特定阶级的持久性气质系统，或一种感知、思考和行动方案。惯习根植于个人的物质条件，但通过家庭和学校的社会化而形成。惯习一旦内化或得以体现，就会对个人的感知、行动和社会关系产生重大的影响。因此，布尔迪厄在其代表作《区隔》中，主要关注惯习如何区分阶级并作为阶级再生产机制的功能。

布尔迪厄用这些文化概念对法国社会进行的分析无疑是有趣的和令人信服的，但我对将他的过度文化主义方法直接应用于韩国等新兴工业社会持保留态度。我认为，布尔迪厄过多地强调了阶级生产的文化机制，而很少关注结构性和制度性因素的作用。众所周知，他的理论的流行与近年来社会学的文化转向不谋而合。

正如布尔迪厄所认为的那样，阶级惯习并不仅仅是由物质生存条件决定的。在法国这样的社会中，布尔迪厄所说的统治阶级的"合法"文化为其他阶级提供了主要的参照框架。但是，近几十年来，经历了剧烈工业转型的大多数社会并没有维持霸权文化体系，而所谓的上层中产阶级的阶级惯习很可能只是最近从西方借鉴来的生活方式、品位和文化知识等方面相对浅薄的经验。事实上，新兴富裕群体的许多文化品位——例如，为子女提供钢琴和小提琴课程、参加高端音乐会、出国休闲旅行、练习瑜伽和打高尔夫球——很可能是可以用金钱轻易买到的优势。因此，我认为阶级惯习不是理解韩国社会阶级区隔过程的最有用的概念工具。

相反，本书更关注经济和社会层面不断变化的阶级关系，重点关注新兴富裕群体在消费和教育市场上寻求更多特权机会的努力。为孩子争取更有利的教育机会是当今韩国阶级斗争的焦点。而这种斗争更多的是通过补充私人教育而非家长对子女的养育进行的。这表明，在韩国，金钱比阶级文化发挥着更重要的作用。金钱可以买到优越的教育机会，帮助子女获得更好的教育和更多的文化资本，进而促进阶级再生产。这种市场机制在任何资本主义社会都行之有效。但在成熟的资本主义社会中，特权阶级已经发展出一些制度和文化手段来维护其特权（如美国的排斥性分区和大学的传承录取政策）。相比之下，韩国出现了阶级区隔，却没有这样的制度或文化机制来支持不平等的日益扩大。因此，韩国阶级关系的变化，使全球经济变革中的失败者产生了强烈的相对剥夺感和怨恨，也使这一经济发展进程中的胜利者产生了诸多的焦虑和不确定性。

参考文献

Abelmann,Nancy, So Jin Park, and Hyunhee Kim. 2009."College Rank and Neoliberal Subjectivity in South Korea: The Burden of Self-development." *Inter-Asia Cultural Studies* 10(2): 229–47.

Anderson, Amanda.1998."Cosmopolitanism,Universalism,and the Divided Legacies of Modernity." In *Cosmopolitics:Thinking and Feeling beyond the Nation,*eds. Pheng Cheah and Bruce Robbins, 265–89. Minneapolis:University of Minnesota Press.

Bae, Yooil,and Yumin Joo. 2019. "The Making of Gangnam: Social Construction and Identity of Urban Space in South Korea." *Urban Affairs Review* 56(3): 726–57.

Birdsall,Nancy,Carol Graham, and Stefano Pettinato. 2000. "Stuck in the Tunnel: Is Globalization Muddling the Middle Class?" Center on Social and Economic Dynamics,Brookings Institution,Working paper No.14.https://pdfs.semanticscholar.org /10a1/12b075e28806c7d8 a99731038782385d68d2.pdf.

Blumin, Stuart. 1989. *The Emergence of the Middle Class: Social Experience in the American City, 1760–1900.* New York: Cambridge University Press.

Bourdieu, Pierre. 1984. *Distinction: A Social Critique of the Judgement of Taste.* Cambridge, MA: Harvard University Press.

——.1987."What Makes a Social Class? On the Theoretical and Practical Existence of Groups."*Berkeley Journal of Sociology* 32: 1–18.

Brown, Phillip. 2003. "The Opportunity Trap: Education and Employment in a Global Economy." *European Educational Research Journal* 2(1):

141–79.

Calhoun, Craig. 2003. "The Class Consciousness of Frequent Travellers: Towards a Critique of Actually Existing Cosmopolitanism." In *Debating Cosmopolitics*, ed.Daniele Archibugi, 86-116. London: Verso.

Chadha, Radha, and Paul Husband. 2006. *The Cult of the Luxury Brand: Inside Asia's Love Affair with Luxury*. London: Nicholas Brealey International.

Chang, Ha Sung. 2015. *Wae bunno haeya haneunga* [Why Must Get Angry]. Seoul:Heisbooks.

Chang, Kyung-Sup.1997. "Modernity through the Family: Familial Foundations of Korean Society." *International Review of Sociology* 7: 51–63.

——.2010. *South Korea under Compressed Modernity: Familial Political Economy in Transition*. London:Routledge.

——.2018.*Naeil ui Jongeon? Kajok chayu juuiwa sahoe chaesaengsan yiki* [The End of Tomorrow? Familial Liberalism and Social Reproduction]. Seoul: Jinmoondang.

Chang, Se-Hoon.2017. "Chungsancheung projectroseo 'bundang mandeulki'" [Bundang Making as a Middle-class Project].In *Gangnam mandeulki wa Gangnam ddarahaki* [Making Gangnam,Following Gangnam],eds. Bae Kyun Park and Jin Tae Hwang,355–93.Seoul: Dongnyuk.

Cheon, Byung You,ed.2016.*Han'guk ui bulpyeongdeung,2016* [Inequality in Korea,2016]. Seoul:Paper Road.

Cheon,Byung You,and Jin Wook Shin,eds.2016.*Dajung kyeokcha:Han'guk sahoe bulpyeongdeung kujo* [Multiple Differentials:The Structure of Inequality in Korean Society]. Seoul:Paper Road.

Cho,Hae-joang.2015."Spec Generation Who Cannot Say 'No':Overeducated and Underemployed Youth in Contemporary South Korea."*Positions* 23(3):437–62.

Cho,Kwon-Jung,and Ji-Won Choi.2016.*Chungsancheung:Heundeulineun sinwha* [The Middle Class:A Flickering Myth].Seoul:Seoul Institute.

Cho,Myung Rae.2004."Sin sangryucheung ui bangjuroseo ui Gangnam" [Gangnamas a Biblical Boat of the New Upper Middle Class]. *Hwanghae Munhwha* [Hwang-hae Culture] 42(3):25–40.

Cho,Uhn.2005."The Encroachment of Globalization into Intimate Life:The Flexible Korean Family in 'Economic Crisis.' "*Korea Journal* 45(3):8–35.

Chosun llbo.2005."A Country Obsessed with Looks."Chosun Ilbo (English Edition),August 8.http://english.chosun.com/site/data/html_ dir/2005/08/08/2005080861015.html.

Chua,Beng-Huat,ed.2000.*Consumption in Asia:Lifestyles and Identities*.New York:Routledge.

Chung,Ku-Hyun,W.Kang,E.Kim,C.Han,W.Tae,J.Kim,S.Bae,H.Kang,and M.Lee.2008.*Han'guk ui Kieop 20 nyeon* [Corporate Management in Korea,Past 20 Years].Seoul:SERI.

Clifford,James.1988.*The Predicament of Culture:Twentieth-Century Ethnography,Literature,and Art*.Cambridge,MA:Harvard University Press.

——.1992."Traveling Cultures."In *Cultural Studies*,eds.Lawrence Grossberg, Cary Nelson,and Paula Treichler,96–112.New York: Routledge.

Currid-Halkett,Elizabeth.2017.*The Sum of Small Things:A Theory of the Aspirational Class*.Princeton,NJ:Princeton University Press.

Davidoff,Leonore,and Catherine Hall.1987.*Family Fortunes:Men and Women of the English Middle Class,1780–1850*.London:Hutchinson Education.

Derne,Steve.2005."Globalization and the Making of a Transnational Middle Class:Implications for Class Analysis."In *Critical Globalization Studies*,eds.Richard Appelbaum and William Robinson,177–86.New York:Routledge.

Douglass,Mike.2006."Global Householding in Pacific Asia."*International Review of Development and Planning* 28(Winter):421–45.

Fernandes,Leela.2006.*India's New Middle Class:Democratic Politics in an Era of Economic Reform*.Minneapolis:University of Minnesota Press.

Finch,John,and Seung-kyung Kim.2012."Kirogi Families in the US: Transnational Migration and Education."*Journal of Ethnic and Migration Studies* 38(3):485–506.

Frank,Robert.2007.*Falling Behind:How Rising Inequality Harms the Middle Class*. Berkeley: University of California Press.

Frykman,Jonas,and Orvar Löfgren.1987.*Culture Builders:A Historical Anthropology of Middle-Class Life*. Translated by Alan Crozier. New Brunswick,NJ:Rutgers University Press.

Garrett,Geoffrey.2004."Globalization's Missing Middle."*Foreign Affairs* 83(6):84–96.

Gelézeau,Valérie.2007.*Apateu konghwaguk* [The Republic of Apartments]. Seoul.Hu-manitas. Original version published in France as *Seoul,ville géante, cités radieuses* (Paris:CNRS Editions, 2003).

Gordon,Andrew.2002."The Short Happy Life of the Japanese Middle Class." In *Social Contracts under Stress*,eds.Olivier Zunz,Leonard Schoppa,and Nobuhiro Hiwatari,108–29.New York: Russell Sage Foundation.

Guibernau,Montserrat.2008."National Identity versus Cosmopolitan Identity."In *Cultural Politics in a Global Age:Uncertainty, Solidarity, and Innovation*,eds.David Held and Henrietta Moore, 148–56 Oxford, UK: Oneworld Publications.

Ham,In-Hee,Dong-Won Lee,and Sungwoong Park.2001.*Chungsancheung ui cheong-cheseong kwa sobi munhwa* [Middle Class Identity and Consumption Culture].Seoul:Jipmundang.

Han,Wan-Sang,Tae-Hwan Kwon,and Doo-Seung Hong.1987."Han'guk ui chun-gsancheung"[The Korean Middle Class].In *Korean Middle Classes:Research Data Book II on Korean Society in Transition*. Seoul:Hankook Ilbo.

Hankyore Daily. 2016. "Hakbol tapa'e heothim sseuda keumsujeo seseup buleotda" [Wasting Effort for Abolishing Hakbol Led to the Gold Spoon Hereditary System]. November 3.

Hannerz,Ulf.1990."Cosmopolitans and Locals in World Culture." *Theory, Culture & Society* 7:237–51.

——.2006."Two Faces of Cosmopolitanism:Culture and Politics." CIDOB,June. https://www.cidob.org/en/publications/past_series/documents/intercultural_dynamics/two_faces_of_cosmopolitanism_culture_and_politics.

Hart, Dennis. 2001. *From Tradition to Consumption: Construction of a Capitalist Culture in South Korea.*Somerset,NJ:Jimoondang International.

Harvey,David.2005.*A Short History of Neoliberalism.*Oxford:Oxford University Press.

Heiman, Rachel,Carla Freeman, and Mark Liechty, eds.2012.*The Global Middle Classes: Theorizing through Ethnography.*Santa Fe,NM:School for Advanced Research Press.

Hong,Doo-Seung.2005.*Hanguk ui chungsancheung* [The Korean Middle Class].Seoul:Seoul National University Press.

Hong,Euny.2014.*The Birth of Korean Cool:How One Nation Is Conquering the World through Pop Culture.*New York:Pacador.

Hong,Min Ki.2015."Choesangyui sodeuk bijung ui changki chuse,1958–2013"[The Long-Term Trend of Top Income Share,1958–2013].*Saneop Nodong Yeongu* [Industrial Labor Study]21(1):191–220.

HRI.1999.*Ilban kakye chungsancheung ui Uisik chosae kwanhan chosa bokiseo* [Survey Report on Middle-Class Identity among Ordinary Households].Seoul:Hyundai Research Institute.

——.2013."OECD kijun chungsancheung kwa chegam chungsancheung ui koeri"[Discrepancy between Chungsancheung by the OECD definition and Subjective Chungsancheung]. *Hyeonan kwa Kwaje* [Current Issues and Tasks].13–02.August.Seoul: Hyundai Research Institute.

——.2015."Urinara chungsancheung sarm ui jil pyeonhwa"[The Changing Quality of Life among the Korean Middle Class]. *Hyeonan kwa Kwaje* [Current Issues and Tasks].15–06.February. Seoul:Hyundai Research Institute.

Hsiao,Hsin-Huang Michael,ed.1999.*East Asian Middle Classes in Comparative Perspective*.Taipei: Academia Sinica.

——,ed.2001.*Exploration of the Middle Classes in Southeast Asia*.Taipei: Academia Sinica.

Igarashi,Hiroki,and Hiro Saito.2014."Cosmopolitanism as Cultural Capital:Exploring the Intersection of Globalization, Education and Stratification."*Cultural Sociology* 8(3):222–39

Ishida,Hiroshi,and David Slater,eds.2010.*Social Class in Contemporary Japan:Structures,Sorting and Strategies*.New York:Routledge.

Jarvis,Jonathan.2019."Lost in Translation:Obstacles to Converting Global Cultural Capital to Local Occupational Success."*Sociological Perspectives* 63(2):228–48.

Ji,Joo Hyung.2017."Gangnam kaebal kwa Gangnamjeok dosiseong ui hyeongseong"[Gangnam Development and the Formation of Gangnam-style Uirbanism].In *Gangnam mandeulki wa Gangnam ddarahaki* [Making Gangnam,Following Gangnam],eds.Bae Kyun Park and Jin Tae Hwang,179–230.Seoul:Dongnyuk.

Joo,Sang Young.2015."Piketty ironeuro bon han'guk ui punbae munje" [Distribution Problem in Korea as Seen from Piketty's Theory]. *Kyeongje Baljeon Yeonku* [Economic Development Research]21:21–76.

JoongAng Daily.2006."2006 sinyeon kihoek chungsancheung doesalija" [2006 New Year Special Let's Restore Chungsancheung].January 2.https://blog.naver.com/chilship/140021104336.

Jung,EeHwan.2013.*Han'guk ui koyong chejeron* [The Korean Employment System].Seoul: Humanitas.

Kang,Jun Man.2006.*Gangnam,natseon Taehanminguk ui chahwasang*

[Gangnam:An Unfamiliar Self-Portrait of Korea].Seoul:Inmul kwa Sasangsa.

Kang,Nae Hee.2004."Gangnam ui kyekeup kwa munhwa"[Social Class and Culturein Gangnam].*Hwanghae Munhwa* [Hwanghae Culture]42(3):62–84.

Kelly,William.2002."At the Limits of New Middle-Class Japan:Beyond Mainstream Consciousness."In *Social Contracts under Stress*,eds. Olivier Zunz,Leonard Schoppa,and Nobuhiro Hiwatari,232–54.New York: Russell Sage Foundation.

Kendall,Laurel.1996.*Getting Married in Korea:Of Gender, Morality, and Modernity*.Berkeley: University of California Press.

Kharas,Homi.2017."The Unprecedented Expansion of the Global Middle Class:An Update."Global Economy &Development Working Paper 100. Washington DC:Brookings Institution.

Kharas,Homi,and Geoffrey Gertz.2010."The New Global Middle Class:A Cross over from West to East."In *China's Emerging Middle Class:Beyond Economic Transformation*,ed.Cheng Li,32–54. Washington,DC:Brookings Institution.

Kim,Andrew Eungi.2004."The Social Perils of the Korean Financial Crisis."*Journal of Contemporary Asia* 34(2):221–37.

Kim,Byung-soo,and Ji-hoon Park.2019."Chungsancheung'i molakhanda"[The Middle Class Is Collapsing].*Maeil Kyungie*,October 28.https://www. mk.cokr/news/print/2019/881582.

Kim,Dong-hyun.2013."Owe Gangnamgu ui Seoul Daehak yipaklyul eun 7 bae nopeulgga"[Why Gangnam-gu's Seoul National University Enrollment Rate Is 7 Times Higher].*Seoul Daily*,January 17.https:/www. seoul.co.kr/news/newsView.php?id=20130117003003.

Kim,Eun Sil.2004.*Sakyoyuk 1 beonji daechidong eommadeul ui ipsi cheonryak* [College Admission Strategy of Daechidong Mothers in the Educational District Number 1].Seoul:Izibook.

Kim,Jongyoung.2011."Aspiration for Global Cultural Capital in the Stratified Realm of Global Higher Education:Why Do Korean Students Go to US Graduate Schools?"*British Journal of Sociology of Education* 32(1):109–26.

Kim,Nak Nyeon.2012."Han'guk ui sodeuk bulpeongdeung,1963–2010: Imgeum sodeauk chungsimeuro"[Income Inequality in Korea,1963–2010:Focus on Wage Income]. *Kyeongje Baljeon Yeonku* [Economic Development Research]18(2):125–58.

——.2016."Han'guk bu ui bulpyeongdeung,2000–2013:Sangsokse jaryoe uihan jeopkeun"[Inequality of Wealth in Korea,2000–2013:Analysis Based on Inheritance Tax Data].*Kyeongje Sahak* [Economic History]40(3):393–429.

——.2018."Han'guk ui sodeuk jipjungdo:Update,1933–2016" [Income Concentration: Update, 1933–2016]. *Han'guk Kyeongje Forum* [Korea Economic Forum]11(1):1–32.

Kim,Nak Nyeon,and Jongil Kim.2015."Top Incomes in Korea,1933–2010:Evidence from Income Tax Statistics."*Hitotsubashi Journal of Economics* 56:1–19.

Kim,Sangjoon.2010."Globalisation and Individuals:The Political Economy of South Korea's Educational Expansion."*Journal of Contemporary Asia* 40(2):309–28.

Kim,Sang Bong.2004.*Hakbeol sahoe* [Hakbol Society].Seoul:Hangilsa.

Kim,Se-Jik.2014."Kyeongie seongiang kwa kyoyuk ui kongieong kyeongiaeng"[Economic Growth and Fair Competition].*Gyeongje Nonjip* [Economy Journal]53(1):3–20.

Kim,S-H.2006.*Ai ui miraereul dijainhaneun Gangnam eomma* [Gangnam Mother Designing the Future of Her Children].Seoul:SangSang House Publishing.

Kim,Sun-woong.2010."Koreans' Education Zeal Unparalleled Globally."*The Korea Times*,July 2.

Kim,Yu-Sun.2015."Han guk nodong sijang ui jindankwa kwaje"[Diagnosis and Issues of the Korean Labor Market].KLSI Issue Paper No.6. Seoul:Korea Labor and Society Institute.

KLI.2016.*2016 KLI Labor Statistics*.Korea Labor Institute.http://www.kli. re.kr.

KLSI.2012."Bijeongkyujik nodongia ui kyumowa hyeonsil"[The Scope and Reality of Irregular Workers].Issue Paper 2012,Korea Labor and Society Institute,www.klsi.org.

——.2015."Bijeongkyujik nodongja ui kyumowa hyeonsil"[The Scope and Reality of Irregular Workers].Issue Paper 2015.Korea Labor and Society Institute,www.klsi.org.

Koo,Hagen.2001.*Korean Workers:The Culture and Politics of Class Formation*.Ithaca,NY:Cornell University Press.

——.2010."Cosmopolitanism as a Class Strategy:A New Pattern of Social Mobility in the Globalized Korea."Toyota Public Lecture,Australian National University,March 18,2010.https://www.youtube.com/ watch?v=8G4nteMnw7U.

——.2016."The Global Middle Class:How Is It Made,What Does It Represent?"*Globalizations* 13(4):440–53.

——.2021."Rising Inequality and Shifting Class Boundaries in South Korea in the Neoliberal Era."*Journal of Contemporary Asia* 51(1):1–19.

KOSIS.2017.Household Income and Expenditure—Distribution of Income Index.KoreanStatistical Information Service.Seoul:KOSIS. https://kosis.kr/eng/statisticsList/statisticsListIndex.do? menuId= M_01_01&vwcd=MT_ETITLE&parmTabId=M_01_01&statId=196200 9&themaId=#E_2.2.

Kotz,David.2015.*The Rise and Fall of Neoliberal Capitalism*.Cambridge, MA:Harvard University Press.

Kwak,Sung Yeung,and Young Sun Lee.2007."The Distribution and Polarization of Income in Korea:A Historical Analysis,1965–2005."

Journal of Economic Development 32(2):1–39.

Lamont,Michele.1992.*Money,Morals,and Manners:The Culture of the French and the American Upper-Middle Class*.Chicago:University of Chicago Press.

Lee,Hyang-a,and Dong Hun Lee.2017."Gangnam'iraneun sangsang ui kongdongche:Gangnam ui simsang kyumo ui kyeongkyejikgi ui nonril"[Imaginary Community as 'Gangnam'：Gangnam's Cognitive Scale and the Logic of Boundary Making].In *Gangnam mandeulki wa Gangnam ddarahaki* [Making Gangnam,Following Gangnam],eds.Bae Kyun Park and Jin Tae Hwang,107–56.Seoul:Dongnyuk.

Lee,Hyung.1980.*Dangsineun Chungsancheung ipnika?*[Are You *Chungsancheung?*].Seoul: Misang.

Lee,Woo-young.2014. "For Korean Moms,Family Separation is Sometimes 'Necessary' Sacrifice." *The Korea Herald*,January 22.http://www. koreaherald.com/view.php?ud=201401 22001005& ACE_SEARCH=1.

Lee,Yean-Ju,and Hagen Koo.2006."Wild Geese Fathers' and a Globalised Family Strategy for Education in Korea."*International Review of Development and Planning* 28(Winter):533–53.

Lee,Yoonkyung.2015."Labor after Neoliberalism:The Birth of the Insecure Class in South Korea."*Globalizations* 12(2):184–202.

Lee,Young Min.2017."Seoul Gangnam jiyeok ui sahoejeok kuseong kwa cheongcheseong ui cheongchi"[Social Composition and Politics of Identity in Seoul Gangnam].In *Gangnam mandeulki wa Gangnam ddarahaki* [Making Gangnam,Following Gangnam],eds.Bae Kyun Park and Jin Tae Hwang,59–106.Seoul:Dongnyuk.

Leicht,Kevin,and Scott Fitzgerald.2014.*Middle Class Meltdown in America: Causes, Consequences,and Remedies*.New York:Routledge.

Lett,Denise.1998.*In Pursuit of Status:The Making of South Korea's"New" Urban Middle Class*.Cambridge,MA:Harvard East Asian Monographs.

Li,Cheng,ed.2010.*China's Emerging Middle Class*.Washington,DC:Brookings

Institution Press.

Liechty,Mark.2003.*Suitably Modern:Making Middle-Class Culture in a New Consumer Society*.Princeton,NJ:Princeton University Press.

López,A.Ricardo,and Barbara Weinstein.2012."We Shall Be All:Toward a Transnational History of the Middle Class."In *The Making of the Middle Class:Toward a Transnational History*,eds.A.Ricardo Lopez and Barbara Weinstein,1–25.Durham,NC:Duke University Press.

Ly,Phuong.2005."A Wrenching Choice."*Washington Post*,January 9.https://www.washingtonpost. com/archive/politics/2005/01/09/a-wrenching-choice/593e714f-e6al-4467-8771-b9a2371932b5/.

Malcomson,Scott.1998."The Varieties of Cosmopolitan Experience."In *Cosmopolitics: Thinking and Feeling beyond the Nation*,eds.Pheng Cheah and Bruce Robbins,233–45. Minneapolis: University of Minnesota.

Markovits,Daniel.2019.*The Meritocracy Trap:How America's Foundational Myth Feeds Inequality, Dismantles the Middle Class,and Devours the Elite*.New York:Penguin Books.

Matthews,Julie,and Ravinder Sidhu.2005."Desperately Seeking the Global Subject:International Education,Citizenship and Cosmopolitanism." *Globalisation,Societies and Education* 3(1): 49–66.

Milanovic,Branko.2016.*Global Inequality:A New Approach for the Age of Globalization.* Cambridge,MA:Harvard University Press.

Nakamura,Takayasu.2005."Educational System and Parental Education Fever in Contemporary Japan:Comparison with the Case of South Korea." *KEDI Journal of Educational Policy* 2(1):35–49.

Nelson,Laura.2000.*Measured Excess:Gender,Status,and Consumer Nationalism in South Korea*.New York:Columbia University Press.

Nussbaum,Martha.1996."Patriotism and Cosmopolitanism."In *For Love of Country:Debating the Limits of Patriotism*,ed.Joshua Cohen,1–27. Boston:Beacon.

OECD. 2006. *Education at a Glance*. Paris: Organization for Economic Co-operation and Development.

——.2015.*Strengthening Social Cohesion in Korea*.Paris: Organisation for Economic Co-operation and Development.

——.2019.*Under Pressure:The Squeezed Middle Class*.Paris:OECD Publishing.

Ong,Aihwa.1998."Flexible Citizenship among Chinese Cosmopolitans."In *Cosmopolitics: Thinking and Feeling beyond the Nation*,eds.Pheng Cheah and Bruce Robbin,134–62. Minneapolis:University of Minnesota.

Onishi,Norimitsu.2008."For English Studies,Koreans Say Goodbye to Dad."*New York Times*, June 8.https://www.nytimes.com/2008/06/08/world/asia/08geese.html#:~:text.

Oro Gold Cosmetics.2015."Wellness,The New Luxury Symbol-Oro Gold Reviews."January 22.http://howtouse orogold.com//wellness-the-new-luxury-symbol-oro-gold-reviews/.

Owensby,Brian.1999.*Intimate Ironies:Modernity and the Making of Middle-Class Lives in Brazil*.Stanford,CA:Stanford University Press.

Park,Bae Kyun.2017."Meorimal:'Gangnam mandeulki'wa 'Gangnam ddarahaki'leul tonghaebon han'guk ui dosihwa"[Introduction:Korean Urbanization Looked atthrough "Gangnam Making"and "Gangnam Following"].In *Gangnam mandeulki wa Gangnam ddarahaki* [Making Gangnam,Following Gangnam],eds.Bae Kyun Park and Jin Tae Hwang,5–9.Seoul: Dongnyuk.

Park,Bae Kyun,and Jin Bum Chang.2017."'Gangnam mandeulki,' 'Gangnam ddarahaki'wa Han'guk ui dosi ideologi"["Gangnam Making,""Gangnam Following"and Korea's Urban Ideology].In *Gangnam mandeulki wa Gangnam ddarahaki*[Making Gangnam,Following Gangnam],eds.Bae Kyun Park and Jin Tae Hwang,13–58.Seoul:Dongnyuk.

Park,Don Kyu.2019."Chungsancheung'i salajinda 30 nyeon jeon kukmin 75% 'nan chungsancheung'...olhae aen 48%ro dduk"[Chungsancheung is Disappearing 30 Years Ago 75% "I am Chungsancheung" This Year Dropped to 48%].*The Chosun Daily*,January 25.https://www.chosun.com/site/data/html_dir/2019/01/25/2019012501980.html.

Park,So Jin.2007."Education Manager Mothers:South Korea's Neoliberal Transformation."*Korea Journal* 47(3):186–213.

Park,So Jin,and Nancy Abelmann.2004."Class and Cosmopolitan Striving:Mothers' Management of English Education in South Korea." *Anthropological Quarterly* 77(4):645–72.

Parker,John.2009."Burgeoning Bourgeoisie."*The Economist*,February 12.https://www.economist. com=/sites/default/files/special-reports-pdfs/13092764.pdf.

Parrenas,Rachel.2005.*Children of Global Migration:Transnational Families and Gendered Woes.*Stanford,CA:Stanford University Press.

Pe-Pua,Rogelia,Colleen Mitchell,Stephen Castles,and Robyn Iredale. 1998. "Astronaut Families and Parachute Children:Hong Kong Immigrants in Australia."In *The Last Half-Century of Chinese Overseas*,ed.Elizabeth Shin,279–98.HongKong:Hong Kong University Press.

Phelan,Hayley.2015."Looking Like Money:How Wellness Became the New Luxury Status Symbol."*Vogue*,January 15.https://www.vogue.com/article/health-wellness luxury-status- symbol.

Piketty,Thomas.2014.*Capital in the Twenty-First Century*.Cambridge, MA:Harvard University Press.

Pinches,Michael,ed.1999.*Culture and Privilege in Capitalist Asia*.New York:Routledge.

Pressman,Steven.2007."The Decline of the Middle Class:An International Perspective."*Journal of Economic Issues* 41(1):181–200.

Reeves,Richard.2017a.*Dream Hoarders:How the American Upper Middle Class is Leaving Everyone Else in the Dust,Why That Is a Problem,and What to Do about It*.Washington,DC:Brookings Institution.

——.2017b."Stop Pretending You're Not Rich."*New York Times*,June 10.

https://www.nytimes. com/2017/06/10/opinion/sunday/stop-pretending-youre-not-rich.html.

Robbins,Bruce.1998."Actually Existing Cosmopolitanism."In *Cosmopolitics: Thinking and Feeling Beyond the Nation*,eds.Pheng Cheah and Bruce Robbins,1–19.Minneapolis:University of Minnesota.

Robison,Richard,and David Goodman.1996.*The New Rich in Asia:Mobile Phones,McDonald's and Middle-Class Revolution*.New York:Routledge.

Ryu,Kyung-joon.2012."Sodeuk yangkeukhwa haesoreul wihayeo"[For Resolving the Income Polarization].KDI *Focus* 15:1–8.

Savage,Mike,Niall Cunningham,Fiona Devine,Sam Friedman,Daniel Laurison,Lisa Mackenzie, Andrew Miles,Helene Snee,and Paul Wakeling.2015.*Social Class in the 21st Century*.New York:Penguin Books.

SBS.2007.*Gangnam eomma ddarajapki* [Catching up with Gangnam Mothers].Television series,Seoul Broadcasting System.

Schielke,Samuli.2012."Living in the Future Tense:Aspiring for World and Class in Provincial Egypt."In *The Global Middle Classes:Theorizing through Ethnography*,eds.Heiman,Rachel, Carla Freeman,and Mark Liechty,31–56.Santa Fe,NM:School for Advanced Research Press.

Schor,Juliet.1998.*The Overspent American:Why We Want What We Don't Need*.New York:Basic Books.

Sherman,Rachel.2017.*Uneasy Street:The Anxieties of Affluence*.Princeton, NJ:Princeton University Press.

Shin Dong-A.1996."Han'guk'in eun nakcheonga:10 myongjung 8 myong'i 'naneun chungsancheung isang'" [Koreans are Optimists:8 out of 10 regard themselves as higher than Chungsancheung].January issue.

Shin,Gi-Wook,and Kyung-Sup Chang.2000."Social Crisis in Korea."In *Korea Briefing 1997-1999:Challenges and Changes at the Turn of the Century*,ed.Kongdan Oh, 75–99.Armonk,NY:M.E.Sharpe.

Shin,Hyungjung.2014."Social Class,Habitus,and Language Learning:The

Case of Korean Early Study-Abroad Students."*Journal of Language, Identity,and Education* 13:99–103.

Shin,Kwang-Yeong.2012."Economic Crisis,Neoliberal Reforms,and the Rise of Precarious Work in South Korea."*American Behavioral Scientist* 20 (December):1–19.

——.2013.*Hanguk sahoe bulpyeongdeung yeongu* [A Study of Korea's Inequality].Seoul:Humanitas.

——.2015."Chungsancheung wigi"[Middle Class Crisis].In *Bulpyeongdeung Hanguk,Bokji kukgareul ggumgguda* [Unequal Korea,Dreaming a Welfare Nation],eds.Jung-Woo Lee, Chang-Kon Lee,Kwang-Yeong Shin,Yun-Tae Kim,and Se-HoonKo,plus 23 Others 55–68. Seoul: Humanitas.

Shin,Kwang-Yeong,and Ju Kong.2014."Why Does Inequality in South Korea Continue to Rise."*Korean Journal of Sociology* 48(6):31–48.

Son,Jung-Mok.2003.*Seoul dosi kyehyek iyagi* [The Story of Seoul Urban Planning].5 vols.Seoul:Hanul.

Son,Nak Gu.2008.*Budongsan kyekeup sahoe* [Real Estate Class Society]. Seoul:Humanitas.

Song,K-Y.2008.*Jinan 20 nyeon sakyoyuk chuse* [The Trend of Private Education for the Last 20 Years].Seoul:National Association of Professors for Democratic Society.

Steger,Manfred.2009.*Globalization:A Very Short Introduction*.Oxford:Oxford University Press.

Steger,Manfred,and Ravi Roy.2021.*Neoliberalism:A Very Short Introduction.* 2nd ed.Oxford: Oxford University Press.

Stelio,Nedahl.2015."Is Wellness the New Status Symbol?"*Sydney Morning Herald*,January 22.https://www.smh.com.au/lifestyle/health-and-wellness/is-wellness-the-new-status-symbol-20150122-12vi62.html.

Stewart,Matthew.2018."The 9.9 Percent Is the New American Aristocracy."*The Atlantic*,June15. https://www.theatlantic.com/magazine/archive/

2018/06/the-birth-of-a-new-american-aristocracy/559130/.

Stiglitz,Joseph.2011."Inequality:Of the 1%,by the 1%,for the 1%."*Vanity Fair*,May.https:// www.vanityfair.com/news/2011/05/top-one-percent-201105.

——.2012.*The Price of Inequality:How Today's Divided Society Endangers Our Future*.New York:W.W.Norton.

Thomas,Dana.2008.*Deluxe:How Luxury Lost Its Luster.*New York:Penguin Books.

Tomba,Luigi.2004."Creating an Urban Middle Class:Social Engineering in Beijing."*China Journal* 51(January):1–26.

Um,In-ho.2015."Bulanhan Han'guk ui chungsancheung (I)"[The Anxious KoreanMiddle Class I].Dongponews.net,September 3.http://www. dongponews.net/news/articleView.html?idxno= 29807.

Veblen,Thorstein.1967.*The Theory of the Leisure Class.*New York:Viking.

Wacquant,Löic J.D.1991."Making Class:The Middle Class(es)in Social Theory and Social Structure."In *Bringing Class Back In*,eds. Scott McNall,Rhonda Levine,and Richard.Fantasia, 39–64.New York:Westview.

Wallerstein,Immanuel.1974.*The Modern World System*,Vol.1.New York: Academic Press.

Wang,Jianying,and Deborah Davis.2010."China's New Upper Middle Classes:The Importance of Occupational Disaggregation."In *China's Emerging Middle Class*, ed.Cheng Li,157–76. Washington, DC:Brookings Institution Press.

Waters,Johanna.2005."Transnational Strategies and Education in the Contemporary Chinese Diaspora."*Global Networks* 5(4):359–77.

——.2009."Transnational Geographies of Academic Distinction:The Role of Social Capital in the Recognition and Evaluation of Overseas' Credentia ls."*Globalisation,Societies and Education* 7(2):113–29.

Weenink,Don.2007."Cosmopolitan and Established Resources of Power in the Education Arena."*International Sociology* 22:492–516.

——.2008."Cosmopolitanism as a Form of Capital:Parents Preparing Their Children for a Globalizing World."*Sociology* 42(6):1089–106.

World Bank.1993.*The East Asian Miracle:Economic Growth and Public Policy*.New York:Oxford University Press.

World Inequality Database.2015.https:/wid.world/.

Yang,Jonghoe.1999."Class Culture or Culture Class?Lifestyles and Cultural Tastes ofthe Korean Middle Class."In *East Asian Middle Classes in Comparative Perspective*,ed.Hsin-Huang Michael Hsiao.Taipei: Academia Sinica.

Yang,Myungji.2012."The Making of the Urban Middle Class in South Korea(1961–1979): Nation-Building,Discipline,and the Birth of the Ideal Nation Subjects."*Sociological Quarterly* 82(3):424–45.

——.2018a.*From Miracle to Mirage:The Making and Unmaking of the Korean Middle Class*,1960–2015.Ithaca,NY:Cornell University Press.

——.2018b."The Rise of Gangnam Style:Manufacturing the Urban Middle Class in Seoul,1976–1996."*Urban Studies* 55(15):3404–20.

Yee,Jaeyeol.2014."Chungsancheungi sarajin seomin sahoe ui deungiang" [The Rise of a Seomin Society in the Wake of Middle Class Disappearance].In *Dangsineun chungsancheung ipnigga?*[Are You Chungsancheung?],eds.W.Kang,S.Ahn,J.Yee,and I.Choi,111–63.Seoul: 21-seki Books.

Yoon,Ja Young,J.Yoon,M.Choi,S.Kim,J.Lim,Y.Kim,Y.Yeo.2014. *Chungsancheung hyeongseong kwa jaesaengsan* [Middle Class Formation and Reproduction].Sejong City,Korea:Korea Labor Institute.

Zhang,Li.2010.*In Search of Paradise:Middle Class Living in a Chinese Metropolis*.Ithaca,NY;Cornell University Press.

Zunz,Olivier.2002."Introduction:Social Contracts under Stress."In *Social Contracts under Stress:The Middle Classes of America,Europe,and Japan at the Turn of the Century*,eds.Olivier Zunz,Leonard Schoppa,and

Nobuhiro Hiwatari,1–17.NewYork:Russell Sage Foundation.

Zunz,Olivier,Leonard Schoppa,and Nobuhiro Hiwatari,eds.2002.*Social Contracts under Stress:The Middle Classes of America,Europe,and Japan at the Turn of the Century.*New York:Russell Sage Foundation.

索引

O

Occupy Wall Street movement 占领华尔街运动 77

OECD (Organisation for Economic Co-operation and Development) 经合组织（经济合作与发展组织）3~4，44

Olympic Games (Seoul, 1988) 奥林匹克运动会（汉城，1988）4，38，87，120

Onishi, Norimitsu 166，173

opportunity hoarding 机会囤积 11~12

opportunity trap 机会陷阱 204

P

Park, Chung Hee 朴正熙 31，36，125，145

Park, Geun-hye 朴槿惠 31

physical appearance 外貌 100~105，198

Piketty, Thomas 托马斯·皮凯蒂 70，74，77

PISA(Program for International Student Assessment) PISA（国际学生评估项目）138

polarization 两极分化 76~79；See also inequality 另见不平等

private education 私人教育 17，87，90~92；See also education；hagwons (private educational institute) 另见教育，学院（私人教育机构）

public school system 公立学校体系 146；See also education 另见教育

R

Reeves, Richard，11~12，21，195

religious devotion 宗教虔诚 40；See also morality and class 另见道德与阶级

residential segregation 居住隔离 7，13，17，24，207；See also housing 另见住房

retirement 退休 44，47

S

Savage, Mike 迈克·萨维奇 15

Schor, Juliet106

sekyehwa policy 世界化（全球化）政策 167

译后记

本书大部分内容依据康奈尔大学出版社于 2022 年出版的 *Privilege and Anxiety: The Korean Middle Class in the Global Era* 翻译。经作者与康奈尔大学出版社协商,对第 5 章的内容进行了改写,并相应地修改了序言和结论中与第 5 章相关的内容,这是中文版序言、第 5 章和结论的内容与原著不尽一致的原因。同时,根据作者的意见,对原著中的部分段落、个别句子和地图进行了删除和修改。翻译过程中还对原书中的个别印刷错误进行了修改,当然,这些都与作者进行了沟通确认。原书注释在书后分章列出,中文版改为页下注,便于读者参考。

本书英文版出版后,具海根教授对英文版的内容进行了修订并在韩国出版了《特权中产层:韩国中间阶层的分裂和不安》(특권 중산층: 한국 중간계층의 분열과 불안, 2022 年 11 月)。在翻译过程

中，译者对英文版中涉及的很多根据韩语发音拼写的英文词语（例如，中产层、福夫人、财阀、学阀以及韩国地名、机构名称等）依据韩文版逐一进行了核对，并根据韩语原意进行了翻译，将一些人名（常见的政治人物的名字、有影响事件的当事人和著名学者等）、重要的或者反复出现的机构名翻译为中文，其余使用英文原文，便于读者查阅参考文献。

本书的翻译得到了具海根教授的信任和支持。虽然未曾谋面，但是彼此有很多共同熟悉的韩国教授，这增进了彼此的信任，使沟通十分顺畅；加之社会科学文献出版社曾经出版过具海根教授的《韩国工人——阶级形成的文化与政治》一书，他很高兴社会科学文献出版社第二次出版他的著作，并为中文版写了简短的序言。

本书初稿完成后，作者和社会科学文献出版社都邀请匿名专家进行了认真、细致的审读，给出了很多中肯的、建设性的修改意见。在此，对匿名审读专家表达诚挚的谢意。

社会科学文献出版社的副总编辑童根兴和责任编辑杨桂凤老师为本书的出版付出了很多心血；在本书的校对阶段，华东政法大学杨城晨博士、上海大学社会学院研究生吴依萍同学认真仔细地通读了译稿，对译稿的进一步完善提出了建设性意见；上海大学社会学院博士研究生郑京慧同学对照韩文版的

相关内容进行了校对。对以上各位的付出，在此表达诚挚的
谢意。

译　者

2024 年 1 月 31 日